D1659533

FRANCESCO GESUALDI
Centro Nuovo Modello di Sviluppo

RISORSA UMANA

L'economia della pietra scartata

Piazza Soncino, 5 - 20092 Cinisello Balsamo (Milano)
www.edizionisanpaolo.it
Distribuzione: Diffusione San Paolo s.r.l.
Piazza Soncino, 5 - 20092 Cinisello Balsamo (Milano)

ISBN 978-88-215-9521-9

PROLOGO

Dai mercanti alla persona

Due secoli di economia dell'accumulo e del profitto hanno dilapidato il pianeta e trasformato miliardi di persone in derelitti. Contadini espropriati delle loro terre per fare posto a piantagioni, miniere, dighe, campi da golf per i turisti. Pescatori espropriati delle loro acque per consentire alle multinazionali del cibo di svuotare i mari e riempire i supermercati. Salariati espropriati del loro lavoro, perché sostituiti da macchine più veloci di loro.

Quanti siano esattamente nessuno lo sa. Chi dice due miliardi, chi dice tre. Non esistono censimenti o dichiarazioni dei redditi per individuarli uno per uno. Del resto a che servirebbe? Per il sistema sono inutili da tutti i punti di vista. Non servono come consumatori e neanche come lavoratori. Sono solo avanzi, scarti, di cui sbarazzarsi.

Linguaggio crudo, ma reale. Dura realtà di un sistema costruito attorno ai mercanti, possibilmente i grandi mercanti nelle loro diverse accezioni: banchieri, industriali, speculatori, multinazionali. I padroni che su tutto comandano al solo scopo di far trionfare i propri interessi. Cosa deve essere prodotto, cosa dobbiamo consumare, tutto è deciso da loro, passando sempre attraverso il mercato perché il loro mestiere è vendere.

L'impresa per produrre, la pubblicità per promuovere nuovi bisogni, il mercato per vendere, questi gli strumenti per raggiungere un solo obiettivo: il guadagno. E non tanto e non solo per condurre una vita sempre più agiata, ma per accumulare sempre di più, in una spirale senza fine, non si sa se per malattia o bramosia di potere. Fatto sta che l'accumulazione, e di conseguenza la crescita, sono diventati obiettivo individuale e di sistema.

Il mercante parla un solo linguaggio, quello del denaro, un vocabolario povero che si basa su pochi concetti: investimenti, costi, ricavi, profitti. Il suo unico metro di misura è il prezzo che tutto deforma e distorce. Le persone ridotte a costo del lavoro, madre natura a costo di materie prime, le masse a opportunità di mercato. A un tratto la realtà della vita è scomparsa, è rimasta solo la convenienza.

Ne è venuto fuori un sistema malato che enfatizza la proprietà privata e demolisce i beni comuni. Che espande i beni di consumo individuali, ancorché inutili, e sacrifica i servizi pubblici. Che dilapida le risorse scarse e ignora quelle rinnovabili. Che ammette al lavoro chi soddisfa le sue logiche ed esclude tutti gli altri. Che esalta il mercato e nega la solidarietà collettiva. Che condiziona la soluzione dei problemi sociali alla crescita perché ha fatto del mercato il centro dell'universo economico.

Ma oggi la crescita, almeno quella che presuppone un maggiore consumo di risorse e una maggior produzione di rifiuti, non è più possibile. L'assottigliamento di molte materie prime e l'emergere di fenomeni come il cambiamento climatico, ci mandano a dire che abbiamo già oltrepassato la capacità di carico del pianeta. Eppure loro, gli immiseriti, gli esclusi, gli scartati, hanno bisogno di crescita: hanno bisogno di più cibo, più energia, più acqua, più case, più servizi igienici, più mezzi di trasporto. Ne hanno bisogno per una semplice questione di dignità.

Così ci troviamo di fronte a un dilemma angosciante: più crescita economica per vincere la miseria o meno crescita economica per salvare il pianeta? Ma c'è un modo per coniugare equità e sostenibilità: la conversione dei ricchi a uno stile di vita, personale e collettivo, più parsimonioso, più pulito, più lento, più inserito nei cicli naturali, in modo da lasciare agli immiseriti le risorse e gli spazi ambientali di cui hanno bisogno.

Di fronte all'idea di rivedere i nostri consumi, la prima reazione è di panico. Nella nostra fantasia si affacciano immagini di privazioni e sofferenze, ma nessuno propone di tornare alla candela o alla morte per tetano. Chiediamo di imboccare la strada della sobrietà che è più un modo di essere che di avere, è uno stile di vita che sa distinguere tra necessità reali e imposte, che si organizza a livello collettivo per garantire a tutti il soddisfacimento dei bisogni umani con il minor dispendio di energia, che dà alle esigenze del corpo il giusto peso senza dimenticare le esigenze spirituali, affettive, intellettuali, sociali della persona.

Varie esperienze personali e di gruppo dimostrano che la sobrietà è possibile ed è liberante, ma preoccupa per i suoi risvolti sociali. In primo luogo l'occupazione. Se consumiamo di meno, come creeremo nuovi posti di lavoro? Parallelamente siamo allarmati per i servizi pubblici. Se produciamo di meno, e quindi guadagniamo di meno, chi fornirà allo Stato i soldi per garantirci istruzione, sanità, viabilità, trasporti pubblici? Domande legittime di chi non ha conosciuto altro sistema all'infuori di questo.

Eppure un'altra economia ispirata al senso del limite, capace di coniugare sobrietà con piena occupazione e garanzia dei bisogni fondamentali per tutti, è oltre modo necessaria. Abbiamo bisogno di un'altra economia che ci metta al riparo da paure e incertezze, dal timore delle guerre e delle crisi economiche, dall'angoscia della disoccupazione e del collasso ambientale. Abbiamo bisogno di un'economia che non faccia i conti solo col denaro, ma soprattutto con la felicità, la dignità, le risorse limitate del pianeta, la fragilità dell'aria e dei mari, l'esigenza di pace e giustizia. Abbiamo bisogno di una nuova economia che non parta dalle formule, ma dai bisogni, non solo quelli materiali, ma anche quelli affettivi, sociali, ambientali, perché non di sola automobile vive l'uomo.

La soluzione è cambiare prospettiva, avere la capacità di guardare l'economia con occhi nuovi. Non più quelli dei mercanti attenti solo ai soldi, alle vendite, all'accumulo, alla sopraffazione, ma quelli di persone capaci di anima che si preoccupano di garantire a tutti un'esistenza dignitosa, equa, pacifica. Gli indios dell'America latina la chiamano economia del benvivere ed è più una filosofia di vita che una concezione economica. È la convinzione che la buona vita dipenda non tanto dalla ricchezza, quanto dalla fecondità della natura, da ritmi di vita sereni, dall'appagamento affettivo, dal sostegno comunitario; che la buona vita si costruisca con forti vincoli comunitari e un forte rispetto per l'ambiente; che solo in presenza di armonia, con se stessi, con gli altri, con la natura, esista vero benessere. Altrimenti c'è opulenza, abbondanza, lusso, ma non letizia.

Dall'alto della sua presunzione, l'ideologia mercantile continua a proporci una visione della vita a senso unico. Si sforza di convincerci che la sola cosa che conta è la ricchezza, e ci impone la crescita veicolata dal mercato come unico indicatore di benessere e sviluppo. Ma sappiamo che questa impostazione ci sta procurando molti guai non solo sul piano ambientale e sociale, ma anche su quello esistenziale. Molti di noi sono ricchi, questo è vero, ma nel contempo infelici e impauriti. Infelici perché la corsa al benavere non ci lascia tempo per le relazioni affettive, umane, sociali. Impauriti perché sappiamo che la nostra esistenza dipende dalle bizzarrie del mercato che quando meno te lo aspetti può metterti alla porta trasformandoti in scarto.

Se vogliamo dunque salvarci dobbiamo riscoprire il benvivere. Dobbiamo recuperare la sua visione, promuoverla da pietra scartata a pietra angolare che fa da base per la costruzione della nuova economia. Ben sapendo che se facciamo questa scelta dovremo riscrivere tutto: premesse, principi, obiettivi, strategie.

Il mercante mira all'accumulazione e ha fondato l'*economia dei volumi*. Volumi di produzione, di fatturato, di profitto, di costi. L'economia del benvivere mira alla persona e deve fondare l'*economia della qualità*. Qualità della vita, dell'ambiente, del lavoro, della partecipazione.

L'economia del benvivere ci riporta alla normalità. Torna a dare all'economia, al lavoro, ai soldi, la loro giusta funzione. Non più dèi, non più tiranni, non più padroni della vita, ma strumenti. Banali strumenti al servizio del genere umano. Allora la domanda giusta da porci non è se l'economia garantirà lavoro a tutti, ma se garantirà sicurezze a tutti. Quanto e come lavoreremo è secondario. Anzi, meno lavoreremo meglio staremo.

La costruzione dell'economia della persona parte dal rispetto, addirittura dalla tenerezza. Dalla capacità di guardare ogni essere umano come una creatura da sostenere e ogni frammento di natura come un bene da custodire. La rivoluzione degli stili di vita è un primo passo in questa direzione. Un passo importante perché la coerenza è il fondamento di qualsiasi azione di cambiamento. Ma da sola non basta. Se contemporaneamente non ci occupiamo anche dell'assetto generale della società e dell'economia a livello nazionale, europeo, addirittura mondiale, il nostro agire su piccola scala rischia di trasformarsi in scelte che sul piano personale ci riempiono di soddisfazione, ma su quello dell'efficacia danno scarsissimi risultati.

Ecco perché – parafrasando don Milani – il «piccolo impegno» rischia di trasformarsi nella più subdola delle tentazioni, una tenda sotto la quale ripararci per mettere a tacere il nostro senso di responsabilità evitando tutto ciò che può procurarci delusione, frustrazione, senso di impotenza. Dobbiamo invece avere il coraggio di dirci che il piccolo impegno acquista tutta la sua virtù, tutta la sua potenzialità, tutta la sua magnificenza, solo se sa coniugarsi con la grande politica, quella che ha come obiettivo la costruzione di un altro modello di società e di economia. Che è la parte più difficile, ma anche il vero motivo per cui ci impegniamo.

Pensare in grande ci spaventa. Ci sentiamo inadeguati, impreparati, specie se si tratta di progettare nuovi modelli di società. Ma tranquillizziamoci. In economia non esistono nuove leggi da scoprire, solo nuove miscelazioni da sperimentare. L'economia è come la culinaria: con gli stessi ingredienti si possono ottenere piatti dolci o salati, delicati o pesanti, adatti a tutte le età o solo ai palati più forti. Più o meno, tutti i dolci comprendono farina, zucchero, uova, burro. Ma alcuni si addicono anche ai diabetici e agli ipertesi, contengono zucchero e burro solo in tracce. Altri sono botte di vita, concentrati di grassi e olio rifritto, impossibili da digerire anche per chi ha uno stomaco di ferro. Qualsiasi sistema economico si basa sul lavoro, la formazione, la ricerca, il consumo, il risparmio, gli investimenti, lo scambio, la solidarietà collettiva. Ma a seconda delle priorità, delle prospettive, della miscelazione dei diversi elementi, si può ottenere un'economia giusta o ingiusta, sostenibile o insostenibile, al servizio di tutti o dei più forti. Combinazioni, regole e dosaggi fanno la differenza.

Non esistono neanche rivoluzioni da compiere, almeno non come le intendevamo nel Novecento. L'economia del benvivere non si instaura espropriando palazzi d'inverno, ma cominciando a cambiare noi stessi, i nostri valori di riferimento, le nostre strutture mentali. Solo cittadini nuovi possono organizzare un'economia nuova. Cittadini convinti che cambiare è possibile, ma che il cambiamento esige riflessione, partecipazione, sperimentazione. Dobbiamo metterci in cammino senza trionfalismi, ma anche senza timidezze, senza sensi di impotenza, senza paura di passare per visionari. L'opportunismo non è una buona ragione per rimanere ancorati al vecchio che semina morte. Dobbiamo assumerci la responsabilità di un futuro di vita. Non c'è più tempo da perdere, dobbiamo cominciare a parlarne. Questo libro vuole stimolarne l'avvio offrendo suggestioni e idee.

PARTE PRIMA

LA VECCHIA STRADA

1

Il volto iniquo del mercantilismo

Se l'individualismo diventa virtù

Miracolo! Gli economisti sono inclini al linguaggio religioso, segno che l'economia appartiene più alla fede che alla scienza. "Miracolo economico". Così battezzarono il grande balzo in avanti compiuto dall'Italia negli anni Sessanta. Gradatamente la gente lasciò le case di campagna e si ammassò nelle città, smise di andare a piedi e si ingolfò nel traffico, abbandonò pasta e fagioli e si rimpinzò di carne e pasticcini. La televisione prese il sopravvento, gli italiani conobbero il consumismo, una pulsione che non sospettavano minimamente di avere. Nuovi predicatori si impadronirono della nostra vita per convincerci che piacere, avidità e sensualità non sono vizi di cui vergognarsi, ma virtù di cui andare fieri. Ricchezza, eleganza, comodità si imposero come modelli sociali, ci convincemmo che la crescita di produzione e consumo è più importante dell'aria e dell'acqua, dell'amicizia e dell'amore. L'inizio e la fine di tutte le cose. L'alfa e l'omega della vita.

Il primo profeta della crescita è un arabo del XIV secolo, ma l'abitudine sembra molto più antica a giudicare dagli anatemi lanciati da Cristo contro chi accumula tesori. Si chiamava Ibn Khaldun ed era cresciuto a Tunisi in una famiglia di alto rango che gli aveva messo a disposizione i migliori maestri del tempo. Nella sua carriera fu anche insegnante al Cairo, non di una materia specifica ma di tutto un po', dalla matematica alla filosofia, dalle scienze alla storia, come si conveniva ai suoi tempi. Le facoltà di economia non esistevano ancora: i mercanti, che già dominavano la scena, non avevano ancora inventato le diavolerie finanziarie della borsa moderna, preferivano addestrarsi nei mercati piuttosto che sui banchi di scuola. Ma sapevano che il potere esige consenso, esultavano quando qualcuno si dedicava agli studi per costruire gli argomenti ideologici a difesa dei loro interessi. Le tesi di Ibn Khaldun piacquero molto: «Quando la popolazione aumenta, anche la disponibilità di mano d'opera cresce e i salari diminuiscono. Di conseguenza i profitti crescono e con essi l'agiatezza. Nascono nuove esigenze che stimolano nuove attività produttive che a loro volta producono nuovo valore e quindi nuovi profitti. Sull'onda dei nuovi profitti, la produzione subisce un'ulteriore spinta in una corsa continua»[1].

Nel tempo in cui Ibn Khaldun poneva la prima pietra della teoria della crescita, l'Europa usciva dal feudalesimo. Venezia si affermava come città fondata sul commercio marittimo, nell'entroterra i Comuni si espandevano grazie ai denari messi a disposizione da mercanti e banchieri, prototipi di quel capitalismo che avrebbe preso piena forma quattro secoli dopo.

Come succede in occasione di ogni grande trasformazione, anche questa volta non si sa se sia stato il nuovo corso economico a imprimere un cambio di mentalità, o il cambio di idee a promuovere un nuovo tipo di economia. Fatto sta che in pieno Settecento, Adam Smith non si fa scrupolo a so-

[1] Ibn Khaldun (1332-1406), *Al-Muqaddima*, *Prolégomènes historiques*, riportato in Wikipedia.

stenere tesi spregiudicate che rompono con la morale tradizionale. È celebre la sua affermazione: «Non è dalla generosità del macellaio, del birraio o del fornaio che noi possiamo sperare di ottenere il nostro pranzo, ma dal fatto che essi hanno cura del proprio interesse. Noi non ci rivolgiamo alla loro umanità, ma al loro egoismo e con loro non parliamo mai delle nostre necessità, ma dei loro vantaggi»[2]. Un chiaro elogio dell'individualismo contro la solidarietà.

Nella storia, difficilmente si hanno rotture repentine, a ben guardare le affermazioni di Smith si inseriscono in un processo di revisione culturale iniziato due secoli prima. Come sostiene Max Weber[3], le basi dello spirito capitalista sono state gettate dai riformatori protestanti, in particolare da Giovanni Calvino[4]. Una delle sue tesi centrali è la predestinazione: Dio stabilisce chi deve salvarsi o dannarsi e il successo economico può essere un segno della predilezione divina. Dolce musica per le orecchie di mercanti e imprenditori che finalmente possono vivere la loro ricchezza non come colpa, ma come segno di grazia riservato agli eletti.

In ambito confessionale il pensiero calvinista ha influenzato solo alcune aree religiose, ma da un punto di vista culturale ha lambito l'intera società. Il culto per la ricchezza si è radicato a tal punto che consideriamo normale produrre per il profitto secondo un copione di reinvestimento continuo finalizzato alla crescita e all'accumulazione infinita. Esattamente come prospettava Ibn Khaldun. Non a caso il nostro idolo è diventato il prodotto interno lordo, il famoso Pil.

[2] A. Smith, *La ricchezza delle nazioni* [1776], Utet, Torino 2013.

[3] Max Weber, sociologo tedesco vissuto dal 1864 al 1920. La sua opera più importante è *L'etica protestante e lo spirito del capitalismo* (1904-1905).

[4] Giovanni Calvino, nome italianizzato di Jean Cauvin, teologo francese vissuto dal 1509 al 1564, fondatore di un particolare indirizzo delle Chiese riformate. Cardini della sua dottrina sono: la predestinazione, la funzione determinante della grazia divina rispetto alle opere umane, l'abolizione di ogni gerarchia religiosa, la negazione di tutti i sacramenti tranne il Battesimo e la Cena, il cui significato, però, è puramente simbolico. La sua opera principale è *Istituzione della religione cristiana* (1536).

Come accaduto a molti altri fenomeni, anche il Pil è nato alla chetichella con finalità più modeste di quelle attribuitegli in seguito. Il suo ideatore fu Simon Kuznets[5]: ebreo di origine bielorussa, si trasferì negli Stati Uniti nel 1922, appena maggiorenne. Conseguì la laurea in economia alla Columbia University, ma essendo appassionato di statistica, frequentò la Nber, un'associazione privata che si occupava di raccolta dati.

All'epoca non esistevano rilevazioni statistiche accurate, né standard ben definiti sui modi per rappresentare la realtà del Paese, e ciò costituiva un problema per i governi che non avevano mai la chiara percezione di cosa stesse accadendo in ambito economico e sociale. A fine anni Venti il ministero del commercio e delle attività produttive del governo statunitense commissionò una ricerca alla Nber per ottenere dati statistici sulla situazione economica del Paese. L'incarico venne assunto da Kuznets che, nel 1934, presentò il primo rapporto sulla ricchezza prodotta negli Stati Uniti nel periodo 1929-1932.

Durante la guerra, le rilevazioni di Kuznets vennero impiegate anche per capire quanto spazio poteva essere dato alla produzione bellica senza compromettere i bisogni civili. Per questo ci fu chi definì il Pil "strumento di guerra".

Kuznets, che nel 1971 ricevette il premio Nobel per gli studi sulla moderna crescita economica, fin dall'inizio aveva messo in guardia contro la parzialità del suo sistema di contabilità nazionale. Al Pil non sfugge neanche uno spillo destinato alla vendita, ma ignora il lavoro svolto tra le mura domestiche per tenere pulita la casa, cucinare, lavare, crescere i figli, assistere gli anziani. Lavoro di fondamentale im-

[5] Simon Smith Kuznets, 1901-1985.

portanza, senza il quale andremmo in giro sporchi, le nostre case sarebbero invase dai topi, ci ammaleremmo di dissenteria, avremmo un esercito di bambini di strada.

È stato calcolato che se aggiungessimo il lavoro domestico, il nostro Pil aumenterebbe del 100%[6]. Ciò non di meno non rientra nel Pil semplicemente perché è lavoro donato, non remunerato. Invece è conteggiato il lavoro dell'operaio che produce mine antiuomo, del tecnico che produce pesticidi, del tabaccaio che vende cancro, perfino del croupier che fa funzionare la bisca, perché ognuno di essi riceve un corrispettivo in denaro. Utili o inutili, benèfici o dannosi, per il Pil non fa differenza, basta che si tratti di lavori orientati al mercato: è la visione ufficializzata dall'Unione Europea che nel 2014 ha deciso di contabilizzare nel Pil anche attività illegali come commercio di droga, contrabbando e prostituzione. Per effetto di questa decisione, il Pil italiano si è rivalutato all'istante di 15,5 miliardi, con somma gioia dei nostri governanti che hanno visto ridurre l'incidenza del debito pubblico sul Pil dello 0,2%[7].

Al Pil non interessa neanche chi gode della ricchezza prodotta. Nella sua visione semplicistica, si applica tout court la regola della divisione pro capite. Tutti con la stessa ricchezza, anche se a un'indagine più accurata emergono ingiustizie abissali. È la famosa statistica di Trilussa: «Da li conti che se fanno seconno le statistiche d'adesso, risurta che te tocca un pollo all'anno, e se nun entra ne le spese tue, t'entra ne la statistica lo stesso, perché c'è un antro che ne magna due». Applicando questa regola, negli ultimi anni in Cina sono stati depennati d'ufficio 475 milioni di poveri assoluti: è bastato un aumento del Pil per decretarlo, poco importa se l'industria

[6] A. Alesina, A. Ichino, *L'Italia fatta in casa*, Mondadori, Milano 2009.

[7] R. Bocciarelli, "Con il 'nuovo' Pil deficit 2011 giù dello 0,2%", *Il Sole 24 Ore*, 10 settembre 2014.

cinese funziona con un esercito di operaie e operai che guadagnano poco più di tre dollari al giorno.

L'orgoglio del Pil è crescere, anzi se lo sente come un dovere: sa che tutti guardano a lui per stabilire se l'economia va bene o male. Se cresce è comunque positivo, anche se l'aumento è dovuto a una maggiore produzione di elicotteri per spegnere incendi o a più corse in ambulanza per raccogliere feriti. In questo modo il Pil riesce a trasformare in benessere perfino terremoti e alluvioni: provocano un boom di costruzioni edilizie. L'apertura di un nuovo cantiere, che avrebbe dato lavoro a 500 persone, fu un aspetto su cui i cronisti insistettero quando nel 2014 si recuperava il relitto della Costa Concordia, quasi a farci dimenticare che per quello stupido inchino avevano perso la vita 33 persone.

Forse la sintesi più efficace sul Pil l'ha espressa Robert Kennedy in un discorso che pronunciò il 18 marzo del 1968 alla Kansas University:

«Per troppo tempo abbiamo sacrificato i nostri migliori valori alla semplice accumulazione di cose. Il nostro unico obiettivo è l'aumento del prodotto interno lordo. Ma il Pil comprende anche l'inquinamento dell'aria, la pubblicità delle sigarette e le ambulanze per sgombrare le nostre autostrade dalla carneficina dei fine-settimana. Include i lucchetti per chiudere le nostre case e le prigioni per chi li scassina. Conteggia l'abbattimento delle sequoie e la distruzione della nostra meravigliosa natura. Comprende il napalm, le testate nucleari e le auto blindate utilizzate dalla polizia per sedare le rivolte in città. Comprende fucili e coltelli per armarci e programmi televisivi che osannano la violenza affinché siano vendute armi giocattoli ai nostri bambini. Ma il Pil non tiene conto della salute dei nostri figli, della qualità della loro educazione o della gioia dei loro momenti di svago. Non comprende la bellezza della nostra poesia, la solidità dei legami familiari, l'intelligenza dei nostri dibattiti o l'onestà dei nostri dipendenti pubblici. Non misura il nostro entusiasmo né il nostro coraggio, la nostra saggezza, la nostra conoscenza, la nostra compassione o la devozione al nostro Paese. In conclusione misura tutto, eccetto ciò che rende la vita veramente degna di essere vissuta»[8].

Le lenti deformanti del denaro

Per qualche tempo abbiamo pensato che gli interessi dei mercanti potessero coincidere con i nostri, ma oggi ogni illusione è svanita. Nel secolo scorso tutt'al più pensavamo che il capitalismo fosse contro il lavoro. Oggi abbiamo capito che è contro la vita.

Un miliardo di persone soffre la fame e non per mancanza di cibo. Tre miliardi di persone vivono in povertà e non perché non abbiano voglia di lavorare. Fame e miseria esistono perché quello dei mercanti non è un Paese per persone.

Nell'ottica del mercante l'unica cosa che conta è il denaro, emblema della ricchezza, inizio e fine di ogni negozio. Anche il suo vocabolario si è ridotto a poche parole: costi, ricavi, investimenti, concorrenza, mercato. Inutile affannarsi a cercare la parola "persone". Alla lettera "p" si trova solo "produzione" nelle sue varie accezioni e declinazioni. Non si trovano né "persona" né "ambiente", entrambi ridotti al rango di costi. Se proprio va bene sono classificati come risorse: umane le prime, ambientali le seconde. In ogni caso, strumenti al servizio della produzione.

Visti attraverso le lenti deformanti del denaro, aria, acqua, terra e fuoco hanno smesso di essere gli elementi fondamen-

[8] http://www.jfklibrary.org/Research/Research-Aids/Ready-Reference/RFK-Speeches/Remarks-of-Robert-F-Kennedy-at-the-University-of-Kansas-March-18-1968.aspx

tali della vita e sono diventati materiali valutati in base al loro grado di commerciabilità. Senza valore se impossibili da trasformare in prodotti da vendere; molto apprezzati se trasformabili in merci su cui poter lucrare. Il risultato finale è però il medesimo: il loro degrado e il loro esaurimento. Destino di degrado per tutto ciò che, essendo di tutti, è utilizzato come discarica a costo zero; destino di esaurimento per tutto ciò che può essere privatizzato e venduto. Esempi del primo caso sono la stratosfera e gli oceani, divenuti immondezzai di anidride carbonica e altri avanzi di ciò che chiamiamo sviluppo. Esempi del secondo caso sono le sorgenti, i terreni, i minerali e molte altre risorse che nella bramosia del massimo profitto sono sfruttate all'inverosimile.

Molte battaglie tra mercanti e collettività ruotano attorno ai beni comuni. Talvolta per la pretesa delle imprese di inquinare in nome della crescita economica e dell'abbattimento dei costi. Talvolta per la pretesa di privatizzare i beni naturali in nome del diritto agli affari. In un caso e nell'altro è la visione comunitaria contro quella individuale, la supremazia dell'interesse collettivo contro quello dell'interesse privato, i diritti di tutti contro il guadagno di pochi.

La grande rivoluzione operata dai mercanti è stata lo scalzamento della comunità per dare spazio solo all'individuo. L'individuo solo con se stesso in guerra contro tutti, concetto chiaramente espresso dalla Thatcher quando disse: «Non esiste qualcosa che si chiami società. Esistono solo uomini e donne in quanto individui. Tutt'al più le loro famiglie»[9].

Ridotta l'umanità a una selva di lupi in lotta tra loro per sopraffarsi a vicenda, tutto è diventato legittimo, compresa la privatizzazione della vita, come mostrano le sementi ogm, dette "terminator". Il primo brevetto in tal senso lo ottenne

[9] Intervista raccolta il 23 settembre 1987 da Douglas Keay per la rivista *Woman's own*. Testo riprodotto in http://www.margaretthatcher.org/document/106689

nel 1995 Delta and Pine Land Company, in seguito divenuta filiale di Monsanto, multinazionale specializzata in sementi. Tra le varie modifiche apportate al seme c'era anche quella che prevedeva la sterilità della produzione. Una modifica introdotta per assicurarsi che i produttori non effettuassero nuove semine con sementi ottenute in proprio, ma fossero obbligati a comprarne ogni anno di nuove.

Sotto le lenti deformanti del denaro, tutto ha cambiato forma. Il lavoro ha smesso di essere una ricchezza da valorizzare ed è diventato un costo da comprimere. Ha smesso di essere un diritto per accedere alla distribuzione della ricchezza ed è diventato una concessione. Ha smesso di essere mezzo di espressione delle capacità umane ed è diventato merce da vendere e comprare.

La tecnologia ha smesso di essere strumento per potenziare le nostre facoltà ed è diventato un padrone che ci impone i suoi ritmi. Ha smesso di essere strumento di liberazione dal bisogno ed è diventato strumento di creazione di bisogni. Ha smesso di essere strumento di conoscenza a disposizione di tutti ed è diventato strumento di controllo da parte di pochi.

Il cibo ha smesso di essere sostentamento per la vita ed è diventato occasione di scommessa. Nel 2013, Intercontinental Exchange, una delle più grandi società del mondo di intermediazione finanziaria, ha coordinato la stipula di contratti speculativi su derrate alimentari per un valore complessivo di 1.643 miliardi di dollari, varie volte superiore al valore della loro produzione. Più precisamente il valore dei contratti stipulati a scopi speculativi sul caffè ha superato di 28 volte il valore del raccolto. Nel caso del cacao, dello zucchero e del cotone il valore delle scommesse ha superato il valore del prodotto rispettivamente di 18, 10 e 7,5 volte[10].

[10] T. Barry, *Introduction to futures*, Intercontinental Exchange 2014.

Il denaro ha smesso di essere mezzo di scambio ed è diventato occasione di lucro. Una merce da prestare a chi ha bisogno di spendere più di quanto non abbia, in cambio di un tasso di interesse. E per spremere più ricchezza dalle tasche di chi si trova in stato di necessità sono state inventate le scommesse sui tassi di interesse, così detti derivati, che naturalmente fanno sempre vincere le banche. Come potrebbe essere altrimenti dal momento che i termini dell'accordo li definiscono loro? Scommettere con le banche sull'andamento dei tassi di interesse è come scommettere con i meteorologi sulle previsioni del tempo. Tutti possono sbagliare, ma è più facile che sbaglino gli sprovveduti che gli esperti. I Comuni hanno imparato a proprie spese quanto sia pericoloso avventurarsi in certe operazioni: decine di loro hanno perso montagne di denaro, soldi di tutti, per scommettere con le banche sull'andamento dei tassi applicati sui loro mutui.

Il trionfo dei super ricchi

Uno dei peggiori risultati di questa economia è l'ingiustizia che si fa sempre più acuta. In Italia, per esempio, il divario tra il 10% più ricco e il 10% più povero della popolazione, è passato da 8 a 1 nel 1985 a 10 a 1 nel 2008, in linea con la media dei Paesi industrializzati che nello stesso periodo hanno visto allargarsi la forbice da 7 a 1 a 9 a 1. Per non parlare degli Stati Uniti che sono passati da 10 a 1 a 15 a 1[11]. Cifre ancora più scandalose se pensiamo che nello stesso Paese, tra il 1993 e il 2012 il reddito dell'1% più ricco è cresciuto dell'86%. Tant'è, se nel 1993 la fetta di reddito nazionale goduta da questa esigua casta di super ricchi era del 14%, nel 2012 la troviamo al 23%[12].

[11] Oecd, "Divided we stand: why inequality keeps rising", dicembre 2011.

[12] E. Saez, "Striking it Richer: The Evolution of Top Incomes in the United States", UC Berkeley, 3 settembre 2013.

I super ricchi non comprendono solo capitalisti in senso stretto, ma anche dipendenti aziendali, ovviamente alti dirigenti. Anche solo guardando all'Italia ce ne possiamo rendere conto: nel 2013 il dirigente che ha ricevuto maggiori compensi è stato Andrea Guerra, ex amministratore delegato di Luxottica. Tra stipendio e guadagni azionari ha intascato 61,7 milioni di euro al lordo delle tasse. Seguono Luigi Francavilla, anch'egli dirigente Luxottica, con 19,6 milioni di euro e Sergio Marchionne, dirigente Fiat, con 19,1 milioni. Complessivamente, nel 2013, anno settimo della crisi mondiale, i cento superdirigenti più pagati nella Borsa italiana hanno guadagnato 371 milioni lordi[13].

Intanto un rapporto di Credit Suisse ci informa che l'87% di tutta la ricchezza mondiale privata, sia mobiliare che immobiliare, è concentrata nelle mani del 10% della popolazione adulta terrestre. Ancora peggio, l'1% possiede, da solo, il 48,2% dell'intero ammontare mondiale[14]. E per finire si apprende che la ricchezza complessiva posseduta dalle 85 persone più ricche del mondo è uguale alla ricchezza posseduta dalla metà più povera della popolazione mondiale, ossia tre miliardi e mezzo di persone[15].

La rivista *Forbes*, che da anni pubblica la lista dei più ricchi della Terra, ci informa che nel 2014 sono stati censiti 1645 miliardari per un patrimonio complessivo di 6.400 miliardi di dollari. Il primo in lista è l'americano Bill Gates con un patrimonio di 81 miliardi. Subito dopo troviamo il messicano Carlos Slim a riprova che la ricchezza non ha più passaporto. Perfino l'India, con un terzo della popolazione in miseria estrema, conta 103 famiglie miliardarie[16].

[13] G. Dragoni, "Stock option e borsa spingono gli stipendi dei super manager", *Il Sole 24 Ore*, 15 ottobre 2014.

[14] Credit Suisse, "Global Wealth Report 2014", ottobre 2014.

[15] UNDP, "Human Development Report 2014".

[16] *Forbes*, 30 marzo 2014.

Fa impressione constatare come i super ricchi crescano anche in situazioni di arretramento generale. In Grecia, ad esempio, pur con un esercito di disoccupati in crescita e un Pil che fra il 2008 e il 2013 ha perso il 25%, è lievitato il numero dei milionari. Le persone con redditi superiori a 30 milioni di dollari all'anno sono passate da 455 a 505[17]. Del resto basta avventurarsi nel centro di qualsiasi grande città per cogliere il contrasto tra l'estrema ricchezza e l'estrema povertà che ormai regna nelle nostre società. Alla base di vetrine scintillanti, spesso capita di trovare poveri cristi raggomitolati per terra. Come capita di incontrare personaggi, bianchi o neri, con gli occhi a mandorla o celesti, che sprizzano agiatezza da tutti i pori. La ricchezza ormai non conosce differenza di lingua o di razza.

Nell'aprile 2013, Aradhana Lohia, unica figlia del magnate tailandese Aloke Lohia, imprenditore della plastica, decise di sposarsi e scelse Firenze per la cerimonia nunziale. Organizzò tre giorni di festa con 900 invitati nei più prestigiosi palazzi della città. Venerdì sera, inizio dei festeggiamenti con cena di gala a Palazzo Pitti. Il giorno dopo, pranzo a Palazzo Corsini corredato di tende da beduini tutto attorno. Sabato sera, party con spaghettata notturna al Teatro della Pergola. Domenica gran finale con cerimonia tradizionale in rito indù e cena riservata per cento persone a Villa Le Corti a San Casciano. Costo: 8 milioni di euro.

Per tutto il week end i quotidiani fiorentini versarono fiumi d'inchiostro per raccontare i vestiti indossati dagli invitati, i gioielli, le borsette, le auto. Insomma, tutti i prodotti di lusso che contraddistinguono i ricchi. Tant'è che il settore del lusso è stato tra i pochi a non conoscere crisi. Il suo fatturato mondiale è passato da 77 miliardi di euro nel 1995 a 217 nel 2013[18]. Questo spiega perché Moncler, azienda di

[17] Ubs, "World Ultra Wealth Report 2013".
[18] Bain & Company, "2013 Luxury Goods Worldwide Market Report", ottobre 2013.

piumini di lusso, quando nel dicembre 2013 decise di quotarsi in borsa, ricevette richieste di acquisto trenta volte superiori all'offerta, facendo subire al titolo un rialzo immediato del 40%.

Il capitale all'assalto della politica

Un'altra industria che non ha conosciuto crisi è quella dei panfili. Nel 2014 Fincantieri ha consegnato un mega yacht lungo 140 metri, alto sette piani, con sei piscine e perfino un garage allagabile dotato di motoscafi per il collegamento con la costa. Lo yacht di nome Victory, è stato consegnato a Camper & Nicholson International, ma si tratta solo di una società di copertura. Inutile cercare il vero proprietario: nella nostra società i ricchi sono sempre protetti. Risultato non casuale di una politica sempre più invasa dal mondo degli affari.

Ormai il gioco avviene alla luce del sole. Solo la criminalità vecchia maniera ricorre alla corruzione per ottenere favori dalla politica. Il grande capitale domina la politica nel solco delle regole che lui stesso ha definito. La mossa più abile, al tempo della democrazia di massa, è stata quella di aggiudicarsi il monopolio dell'informazione, strumento chiave per dominare il pensiero e quindi il voto. In un mondo sempre più dilatato e complesso, non possiamo basare le nostre scelte solo su ciò che viviamo. Sempre di più dobbiamo basarle su ciò che ci viene narrato. Perfino a livello cittadino o di quartiere se vogliamo sapere le cose dobbiamo affidarci ai mezzi di informazione. Il che conferisce ai mass media un potere enorme, il potere di orientare le nostre scelte perché la realtà non è raccontata, bensì interpretata. Nessuno racconta la realtà in maniera asettica, tutti la raccontano con partigianeria senza bisogno di stravolgere i fatti. Basta un'omissione, una sottolineatura, un aggettivo, un avverbio, per presentare i fatti con elementi di giudizio che condizionano il pensiero e quindi le scelte politiche di chi legge o di chi ascolta.

Per i mass media è uno scherzo costruire mostri e nemici che ci rendono inclini ad accettare guerre e aggressioni, ammantate come missioni di pace o crociate a difesa della democrazia. Come è uno scherzo irreggimentarci nel pensiero unico del mercato. A che pro servirci le notizie di borsa a colazione, pranzo e cena se a malapena la maggior parte di noi ha qualche euro su un libretto postale? Davvero i direttori dei Tg pensano che siamo tutti dei piccoli Warren Buffett ansiosi di conoscere le sorti del nostro piccolo impero finanziario che non esiste? O non fa piuttosto parte di una strategia per convertirci alla dottrina del capitale? Non a caso siamo sempre più convinti che il fondamento della società e dell'economia non è già la persona ma il denaro, ormai considerato unica porta d'accesso alla distribuzione della ricchezza, unico passe-partout per la soddisfazione dei nostri bisogni, compresi quelli da sempre di competenza della solidarietà collettiva: sanità, istruzione, pensione.

Capito che la strada per neutralizzare la democrazia a proprio vantaggio è il dominio dell'informazione, i soldi ci si sono buttati sopra a capofitto. L'Italia ne è una conferma. Su undici testate giornalistiche di livello nazionale, solo tre, il *Manifesto*, *Avvenire* e il *Fatto quotidiano*, non sono riconducibili a famiglie e imprese di peso. La prima perché appartenente ai dipendenti e ai lettori. La seconda perché appartenente alla Conferenza episcopale italiana. La terza perché appartenente ad alcuni redattori e alcune case editrici. Tutte le altre appartengono al salotto buono del capitalismo italiano: il *Corriere della Sera* a una cordata capeggiata da Fiat e Mediobanca, la *Repubblica* a De Benedetti, la *Stampa* a Fiat, il *Messaggero* a Caltagirone, *Libero* ad Angelucci, il *Resto del Carlino* a Monti Reffiser, il *Giornale* a Berlusconi, il *Sole 24 Ore* alla Confindustria.

Del resto non è un mistero che Berlusconi ha potuto governare per anni grazie alla possibilità di fornire agli italiani la propria versione dei fatti tramite le proprie reti televisive. Come non è un mistero che negli Stati Uniti le campagne presidenziali sono finanziate da imprese che non sapendo mai come possano andare le cose, danno soldi indistintamente a repubblicani e democratici. La stessa ascesa di Matteo Renzi è stata fortemente sostenuta da imprenditori come Guido Ghisolfi e Davide Serra, patron di Mossi & Ghisolfi, l'uno, e del Fondo Algebris Investments, l'altro[19].

E dove non arrivano i finanziamenti, arrivano le lobby. Secondo uno studio dell'associazione Corporate Europe Observer (CEO), a Bruxelles ci sono 15000 rappresentanti di imprese e associazioni del mondo degli affari, con l'unico scopo di intrufolarsi negli uffici della Commissione europea ed ottenere decisioni favorevoli agli interessi della propria categoria. Il settore finanziario da solo tiene a libro paga 1700 lobbisti. Gente pagata fra i 70 e i 100 mila euro all'anno per una spesa complessiva di circa 123 milioni di euro[20].

Con tanta potenza di fuoco, centinaia di esponenti di istituzioni bancarie e finanziarie, tra cui JP Morgan, Goldman Sachs, Deutsche Bank, Unicredit, hanno libero accesso al Parlamento europeo e quando sono in discussione provvedimenti di loro interesse, si danno da fare in tutti i modi possibili per convincere i parlamentari ad assumere posizioni a loro gradite. E i risultati si vedono. CEO cita il caso di un provvedimento di regolamentazione finanziaria approvato nel 2010, su cui vennero presentati 1600 emendamenti, la metà dei quali scritti di sana pianta dai lobbisti della finan-

[19] Cfr. D. Vecchi, *L'intoccabile*, Chiarelettere, Milano 2014.

[20] Corporate Europe Observer, "The fire power of the financial lobby", aprile 2014.

za[21]. Ora è più chiaro perché non passano mai provvedimenti che puntano a tassare la finanza o a limitare le operazioni speculative da parte del sistema bancario.

Il dilagare della povertà

Benché la globalizzazione abbia fatto entrare alcune famiglie del Sud del mondo nel "club dei super ricchi", il divario tra Nord e Sud rimane marcato. A livello demografico, il Sud del mondo ospita l'82% della popolazione terrestre, quattro persone su cinque, ma la quota di prodotto lordo mondiale a sua disposizione si ferma al 32%. Per differenza il Nord, pur ospitando solo il 18% della popolazione, usufruisce del 68% del prodotto mondiale. Il risultato è che il Pil pro capite di ogni abitante del Sud è dieci volte più basso di quello del Nord: 3840 dollari all'anno contro 37.157[22].

Ovviamente si tratta di medie che nascondono le gravissime ingiustizie interne. Sappiamo per esempio che quasi un miliardo di persone soffre la fame, mentre un numero imprecisato di persone non riesce a soddisfare neanche i bisogni fondamentali. Non mangiano più di una volta al giorno, si alimentano con una dieta costituita quasi esclusivamente da farinacei e legumi. Molti di loro bevono acqua di pozzo o di fiume, non godono di servizi igienici. Vivono in baracche costruite con materiale di recupero o in capanne costruite con materiale naturale trovato nei dintorni. Hanno scarsi indumenti e un bassissimo livello di scolarità. In caso di malattia non possono curarsi, sono costretti a indebitarsi per fare fronte a qualsiasi necessità che esce fuori dalla pura e semplice sopravvivenza.

[21] Brussels Sunshine, "Mep amendments and democracy", 13 aprile 2010.
[22] Cadtm, "Les chiffres de la dette 2015", gennaio 2015.

Etichettati come "poveri assoluti", hanno le sembianze del bambino piangente che siede nudo fuori dalla capanna, dell'uomo dal volto scavato e bruciato dal sole che, machete alla mano, prova a strappare un pezzo di terra alla foresta, della donna dal corpo macilento, appena ricoperto di stracci, che cerca del cibo frugando nella montagna di rifiuti.

Quanti siano i poveri assoluti nessuno lo sa. Nessuno ha mai condotto un censimento, né sono state redatte statistiche basate su questionari. I numeri che circolano sono stime costruite su criteri del tutto opinabili. La Banca Mondiale considera povero assoluto chi vive con meno di un dollaro e 25 centesimi al giorno, e afferma che a trovarsi in questa condizione sono un miliardo e 200 milioni di persone, 18% della popolazione mondiale. Ma aggiunge che se allarghiamo la visuale a chi vive con meno di due dollari al giorno, il numero raddoppia.

Tanto per dire quanto le stime possano differire tra loro, nel 2007 uno studio realizzato in India da parte di un istituto governativo ha affermato che il 77% della popolazione, ossia 836 milioni di persone, vive con meno di 20 rupie al giorno, che corrispondono a mezzo dollaro. La Banca mondiale invece, elevando il limite a un dollaro al giorno, stima che i più poveri in India siano solo 300 milioni[23]. Misteri della statistica!

Del resto, molti fanno notare che se la povertà assoluta è l'impossibilità di soddisfare i bisogni fondamentali, non c'è Paese al mondo dove la soglia di reddito possa essere posta a due dollari al giorno, figurarsi a un dollaro e 25. Ma innalzare la soglia a tre o quattro dollari, come sarebbe più realistico, significherebbe ammettere che il 70-75% della popolazione mondiale vive in povertà assoluta. Verità troppo scomoda per il sistema.

[23] Ivi.

I poveri assoluti popolano i villaggi sperduti delle campagne e si affollano nelle baraccopoli delle città. Campano su lavori precari e malpagati, sono alla totale mercé di padroni, caporali e mercanti. Tramite i nostri consumi li incontriamo quotidianamente quando beviamo una tazza di caffè, quando mangiamo una banana, quando indossiamo un paio di scarpe sportive. Hanno il volto del contadino africano che è costretto a vendere il suo caffè a venti centesimi di dollaro al chilo mentre noi lo ricompriamo a otto euro, del bambino ecuadoregno che per un dollaro e mezzo al giorno lavora dieci ore nel bananeto, della ragazzina bengalese che per quaranta centesimi di dollaro l'ora produce la felpa firmata che noi ricompriamo per trenta euro. Il primo personaggio che incontriamo al mattino, prima di avere dato il buongiorno al nostro compagno o alla nostra compagna, ai nostri figli, è un contadino del Kenya o un bracciante del Brasile. E può essere un povero assoluto.

Ora la povertà sta entrando a passi da gigante anche nella nostra parte di mondo, triste compagna della disoccupazione che cresce. Talvolta con tratti drammatici, come può succedere quando si è licenziati a cinquant'anni. Troppo vecchi per trovare un nuovo lavoro, troppo giovani per avere una pensione, soli e disperati, alcuni si imbrancano per strada con altri sciagurati. Tutti insieme fanno gruppo alle stazioni, bivaccano nelle sale d'aspetto, pranzano alle mense della Caritas, pernottano su quattro cartoni buttati in un sottopassaggio, trovano conforto nel vino, inseparabile compagno di viaggio. Simili a loro gli immigrati, in parte extra comunitari clandestini, in parte provenienti da altri Paesi dell'Unione Europea venuti in Italia a cercare quella fortuna che purtroppo non trovano.

Secondo un'indagine del 2012, in Italia i senza fissa dimora sono 50.000, per l' 87% uomini. Preponderante la quota degli stranieri che arriva al 60%, principalmente rumeni, marocchini, tunisini. Di età piuttosto bassa, il 58% di loro ha meno di 45 anni. Nei due terzi dei casi, il livello di istruzione è al di sotto della licenza media inferiore. Circa il 30% dichiara di lavorare a nero e saltuariamente come facchini, giardinieri, lavavetri, lavapiatti, manovali, braccianti, addetti alle pulizie. Il guadagno finale non arriva a 350 euro al mese per una media di 13 giornate lavorative[24].

I senza fissa dimora sono solo la punta più visibile, quella sotto gli occhi di tutti, del fenomeno povertà che nella maggior parte dei casi si consuma in maniera discreta tra le mura di casa. A vari livelli. La forma più grave è la povertà assoluta di chi vive al limite della sopravvivenza. È la condizione di chi non riesce a nutrirsi adeguatamente, di chi non ha un'abitazione decente, di chi è senza riscaldamento. Nel 2013, le famiglie gravemente incapaci di provvedere a se stesse erano due milioni e 28 mila per un totale di sei milioni e 20 mila persone, il 9,9% dell'intera popolazione[25].

Statisticamente parlando, i poveri assoluti fanno parte della più grande categoria dei poveri relativi che comprende tutti coloro con un livello di consumi inferiore al 50% della media nazionale. Considerato che il livello medio di consumi pro capite è calcolato in circa 1000 euro al mese, schematicamente è povero relativo chi sta al di sotto dei 500 euro. Nel 2013 in questa categoria ricadevano tre milioni 230 mila famiglie per un totale di 10 milioni 48 mila persone, pari al 16,6% dell'intera popolazione[26]. Da notare che nel 2008 la percentuale era attestata al 12,8%.

Ma oltre a chi si trova già in povertà, c'è chi è a rischio di diventarlo perché con redditi così bassi e precari che fanno vivere perennemente sull'orlo del baratro. Basta un dente da curare, degli esami sanitari imprevisti, una riparazione fuori

[24] Istat, "Le persone senza dimora", 9 ottobre 2012.

[25] Istat, "Anno 2013. La povertà in Italia", 14 luglio 2014.

[26] Ivi.

programma, per scivolare nell'indebitamento o costringere a scelte angoscianti: curare il dente o scaldarsi? Riparare la lavatrice o mangiare adeguatamente? Nel 2013 le persone a rischio povertà sfioravano i dodici milioni, pari al 19,1% della popolazione. Se ad esse aggiungiamo quelle già cadute nella fossa, possiamo dire che in Italia la povertà riguarda diciassette milioni di persone, il 28,4% della popolazione, quasi una su tre[27]. Una situazione che peggiora di anno in anno se consideriamo che nel 2010 la percentuale era al 25%.

[27] Istat, "Anno 2013. Reddito e condizioni di vita", 30 ottobre 2014.

2

Globalizzando tra schiavi e robot

L'ascesa delle apolidi

Uno dei fenomeni che contribuisce ai processi di impoverimento del nostro vecchio mondo industrializzato è la globalizzazione, il mondo trasformato in unico mercato, unica piazza finanziaria, unico villaggio produttivo. Una svolta che non è avvenuta per caso, ma perché così fa comodo alle multinazionali, imprese che operano a livello planetario tramite una struttura organizzativa che si avvale della presenza in più Paesi.

Il primo abbozzo di multinazionale risale all'anno 1600, quando venne costituita l'East India Company, società britannica dedita al commercio con l'estremo Oriente. Benché avesse il suo quartier generale in Inghilterra, disponeva di sedi a Shangai, Calcutta, Bombay, e molti altri porti disseminati sulle sue rotte. Due anni dopo, in Olanda venne costituita la Dutch East India Company e dopo un secolo di concorrenza, le due contendenti preferirono fondersi in un'unica società: la Honourable East India Company.

Eravamo agli albori del commercio mondiale, la potenza economica del momento era l'Inghilterra: importava materie prime dalle colonie ed esportava prodotti finiti negli altri Paesi d'Europa, del Nord America, delle sue stesse colonie. Poi la situazione cambiò. Anche Francia, Germania e Stati Uniti svilupparono l'industria manifatturiera e per il commercio internazionale lo scenario si fece più cupo perché in fase nascente le imprese chiedono protezione agli Stati. Al riparo dei dazi, le imprese locali agiscono indisturbate nei propri confini. Producono, vendono e crescono, finché non si accorgono che il mercato nazionale è troppo piccolo per le proprie potenzialità. Allora si sviluppa un sentimento di amore-odio verso le misure di protezione. Amore per il riparo offerto contro l'invasione dei prodotti stranieri; odio per l'impossibilità di penetrare nei mercati degli altri e quindi espandersi. E allora che fare?

La soluzione trovata fu la colonizzazione aziendale, l'invasione dei mercati altrui dall'interno. Il ragionamento era semplice: se non si può entrare nei mercati degli altri con prodotti che vengono da fuori, ci si può entrare producendo da dentro. Tant'è che nel 1867 l'industria meccanica americana Singer sbarcò in Gran Bretagna e, dopo aver fondato una società di sua proprietà, ma giuridicamente inglese, aprì a Glasgow una fabbrica di macchine da cucire autorizzate ad invadere l'isola perché *made in England*.

Singer apre ufficialmente il corso moderno delle multinazionali, più propriamente dette "gruppi multinazionali" dal momento che non si tratta di imprese singole ma di tante società "imparentate" tra loro per il fatto di appartenere ad una medesima società capofila. Di solito i gruppi hanno una struttura a piramide: in cima la società proprietaria dell'intero castello, anche detta "capogruppo" o "holding"; sotto le società possedute, anche dette "filiali" o "controllate", dislocate in più Paesi.

A causa della loro internazionalizzazione, le multinazionali possono essere considerate strutture apolidi, senza patria, tant'è che sono anche dette transnazionali. Giuseppe Recchi, con un lungo passato in varie multinazionali, tra cui General Motors, è stato categorico in proposito. Nell'agosto 2014, poco dopo la sua elezione a presidente di Telecom dichiarò: «Non ha senso classificare le imprese in base alla nazionalità. Mentre General Motors è definita americana, il 50% del suo personale è straniero. Il capitale non ha bandiere e neanche le imprese hanno bandiera, eccetto la loro»[1]. Ciò nonostante si continua a suddividere le multinazionali per nazionalità, in base al Paese in cui è domiciliata la capogruppo. Scelta di residenza spesso dettata solo da ragioni fiscali come mostra il caso Fiat che, dopo essersi fusa con Chrysler, nel 2014 ha eletto domicilio legale in Olanda.

Secondo le Nazioni Unite, i gruppi multinazionali sono 82.000 per un totale di 810.000 filiali, che complessivamente impiegano 124 milioni di persone, fatturano 42mila miliardi di dollari e contribuiscono al 14% del prodotto lordo mondiale[2]. Ma la classe delle multinazionali è come quella dei mammiferi che comprende animali minuscoli come i topi e giganteschi come gli elefanti. Allo stesso modo si va da multinazionali insignificanti come Chicco Artsana, piccolo gruppo con casa madre in Italia e una manciata di filiali sparse tra Spagna e Hong Kong, a un mastodonte come Shell, con 1.700 società dislocate nei cinque continenti e la holding localizzata in Inghilterra. Non a caso le prime cinquecento multinazionali contribuiscono da sole al 75% del fatturato di tutti i gruppi transnazionali. In certi casi il loro giro d'affari è superiore a ciò che producono interi Paesi. Se compilassimo una lista delle prime cento economie del mondo, includendovi sia i Paesi, in base al loro prodotto interno lordo, sia le imprese, in base al loro fatturato, scopriremmo che 43 sono multinazionali. La prima compare al 27° posto: è Walmart,

[1] S. Gordon, "Corporate Italy's new number", *Financial Times*, 4 agosto 2014.

[2] Elaborazione dati Unctad, "World Investment Report degli anni 2009 e 2013".

potente catena commerciale, con un fatturato superiore al prodotto interno lordo del Venezuela[3].

Se la vita non vale niente

Proprio per la loro enorme capacità di produzione e di vendita, ormai nessun Paese contiene un numero di consumatori sufficiente ad assorbire i prodotti delle multinazionali. Per questo hanno avuto bisogno di trasformare il mondo intero in un unico grande mercato, all'interno del quale potersi muovere senza ostacoli per collocare ovunque i propri prodotti. Così siamo approdati alla globalizzazione.

Il dirigente di un'importante multinazionale europea una volta definì la globalizzazione come «la libertà per il mio gruppo di investire dove vuole, quando vuole, per produrre quello che vuole, rifornendosi e vendendo dove vuole e andando a ricercare il minimo dei vincoli possibili in materia di diritto del lavoro e di convenzioni sociali».

Le multinazionali hanno esercitato sui governi ogni sorta di pressione per ottenere la totale liberalizzazione del commercio e nel 1995 hanno conseguito la prima grande vittoria. È stata istituita l'Organizzazione Mondiale del Commercio che ha il compito di riscrivere le regole dell'economia mondiale tenendo solo conto degli interessi delle grandi imprese. Ma proprio quando la globalizzazione ha cominciato a diventare realtà, le multinazionali hanno fatto un'amara scoperta. Si sono accorte che il mercato mondiale è piccolo perché le persone che possono comprare i loro prodotti non vanno oltre il 30% della popolazione mondiale. Tutti gli altri sono solo zavorra.

Così, tante multinazionali si stanno contendendo un mer-

[3] Centro Nuovo Modello di Sviluppo, "Top 200", 2014.

cato, tutto sommato limitato, che non ha possibilità di espansione immediata. Ne è venuta fuori una concorrenza all'ultimo sangue giocata essenzialmente sulla diminuzione dei prezzi. Ma ogni volta che si ritoccano i prezzi bisogna trovare il modo di ridurre anche i costi, altrimenti addio profitti. Ecco perché, nell'epoca della globalizzazione, il lavoro è finito sotto assedio.

Le strategie per ridurre il costo del lavoro non sono sempre le stesse. Un conto sono i settori ad alta tecnologia, un altro quelli ad alta intensità di manodopera. Nel primo caso si è puntato sull'automazione, per ridurre il personale. Nel secondo, sul trasferimento del lavoro dove la gente si accontenta di salari anche trenta volte più bassi.

Nike è stata una delle prime a trasferire la produzione all'estero, non tramite l'apertura di fabbriche proprie, ma appaltando la produzione a terzisti locali.

Dovessimo dire a quale settore appartiene Nike, potremmo rispondere «quello del niente». Non ha apparato produttivo, non dispone di rete di vendita, il suo mestiere è vendere fumo, fantasticherie, sogni di successo attraverso la pubblicizzazione di un logo che evoca forza, competizione, potere. Al massimo Nike progetta modelli che poi fa realizzare al prezzo più basso possibile da 785 fornitori sparsi in 44 Paesi che si avvalgano della collaborazione di un milione di lavoratori. Il personale alle dirette dipendenze di Nike non arriva a 44.000 persone[4].

Per questa sua fluidità, Nike può permettersi di usare come "substrato del logo" qualsiasi oggetto usato dai giovani, suo pubblico di riferimento. Ciò spiega perché il marchio Nike non si trova solo sulle scarpe, ma anche su cappellini, canottiere, felpe, zainetti, occhiali e, ultima frontiera, contapassi, iPod e tutto ciò che fa parte degli accessori del giovane

[4] Nike Inc. "FY12.13 Sustainable business performance summary", 2013.

sportivo. Per questo, i suoi fornitori non si limitano alle scarpe, ma si estendono anche ad altri settori, compreso l'abbigliamento.

Nike non ci dice qual è il Paese da cui ottiene la maggior quantità di capi di vestiario. Ci dice solo che dispone di fornitori in 28 Paesi, tra cui il Bangladesh, emblema del disprezzo umano. Con oltre 150 milioni di abitanti, stipati su una superficie metà dell'Italia, il Bangladesh, oltre ad essere ai primi posti per povertà assoluta, è il secondo esportatore al mondo di vestiti confezionati, dopo la Cina. Dal 2005 al 2013 il Bangladesh ha visto crescere le esportazioni di vestiario due volte e mezzo passando da 8 a 21 miliardi di dollari. Parallelamente anche gli addetti sono passati da due a quattro milioni. Ma questa crescita vertiginosa è stata pagata tutta dai lavoratori, o meglio dalle lavoratrici, trattandosi principalmente di donne, costrette a livelli di sfruttamento indicibili. Secondo la *Clean clothes campaign*, per garantire i bisogni di base a una famiglia di quattro persone in Bangladesh servono 260 dollari al mese[5]. Ma varie interviste realizzate nel 2013, hanno messo in evidenza che un'operaia di primo ingresso porta a casa un salario mensile di 56 dollari, per un orario settimanale di 48 ore. Un'operaia alla macchina da cucire, con cinque anni di anzianità, guadagna un salario netto di 64 dollari al mese che può arrivare a 80 con gli straordinari. Poi non deve sorprendere se sul prezzo finale il lavoro incide solo per lo 0,6%[6].

L'indecenza salariale è solo una parte dell'orrore vissuto dalle lavoratrici bengalesi. Vanno aggiunti orari di 13-14 al giorno, riposi settimanali non sempre garantiti, truffe, angherie, insulti, percosse, perfino abusi sessuali. E naturalmente ambienti di lavoro insalubri e terribilmente insicuri.

[5] Clean Clothes Campaign, "Tailored wages", marzo 2014.

[6] N. Ahmed, D. Nathan, *Improving wages and working conditions in the Bangladeshi garment sector*, Working paper 40, University of Manchester, maggio 2014.

Tra incendi e crolli, dal 2000 al 2013 si sono registrati venticinque incidenti gravi che hanno comportato quando 10, quando 30, quando 60, quando 100 morti. Ma l'incidente più drammatico è avvenuto il 24 aprile 2013 a Dacca, quando crollò il Rana Plaza, un palazzo di otto piani che ospitava ben cinque laboratori di cucito per un totale di 4000 dipendenti. Ne morirono 1138 e ne rimasero feriti altri 2500. Per la maggior parte ragazze tra i 17 e i 20 anni.

Tutto era cominciato il giorno prima, il 23 aprile, un martedì. Erano state avvistate delle crepe sui muri esterni. Spacchi profondi che andavano da terra, fin su alla terrazza. Per precauzione il lavoro era stato sospeso: tutti a casa fino al giorno dopo. La mattina seguente le crepe erano ancora lì, anzi più ampie che mai, ma i padroni stavano sul portone per intimare ai lavoratori di entrare. C'erano anche dei tipi armati di bastone che spingevano dentro i più titubanti. E verso chi non voleva proprio saperne scattava l'arma del ricatto: «Chi non entra sarà licenziato e perderà la paga del mese». Corda sensibile, quella dei soldi, per gente in povertà permanente.

Le maestranze delle cinque fabbriche entrarono tutte. Solo una banca e alcuni negozi al piano terra avevano mantenuto i bandoni abbassati. Alle 8,57 ci fu una mancanza di corrente elettrica, fatto abituale a Dacca, e immediatamente partirono i potenti generatori a motore piazzati sulla terrazza dell'ultimo piano. Vibrazioni fatali. Ci fu un boato e il palazzo si afflosciò come un castello di carte.

Agli accertamenti, il palazzo risultò di proprietà di un trentenne, tale Sohel Rana. Nel 2004 aveva ottenuto un pezzo di terra dal padre, proprio ai margini della capitale, ed essendo edificabile aveva presentato un progetto per la costruzione di un edificio di quattro piani destinato a uffici e magazzini. Sohel ne aveva costruiti otto, di piani, e aveva affittato i locali a imprese che avevano caricato il palazzo con pesanti macchinari. Massoud Reza, l'ingegnere che aveva eseguito il progetto, dichiarò: «Non avevo progettato muri e pilastri per quell'altezza e tutto quel peso. Avessi conosciuto la vera destinazione dell'edificio, avrei fatto altri calcoli».

Un palazzo di otto piani non è uno spillo. Vigili e funzionari pubblici avevano assistito all'abuso e avevano taciuto. Per convenienza e paura. Mazzette e minacce avevano chiuso le loro bocche. Sohel era un esponente dell'Awami League, il partito al governo, e anche un camorrista. Aveva a libro paga un piccolo esercito di malviventi che eseguivano qualsiasi suo ordine. La consegna per quella mattina del 24 aprile era presidiare l'ingresso del Rana Plaza per spingere dentro chi si rifiutava di andare al lavoro.

La caduta del palazzo richiamò giornalisti e fotografi da ogni parte del mondo per raccontare i particolari di quella tragedia che aveva suscitato tanta emozione. Anche loro frugavano tra le macerie in cerca di notizie e immagini da diffondere. E successe che oltre a cadaveri e macchinari, trovarono un sacco di documenti fuoriusciti dagli archivi delle cinque aziende che usavano il Rana Plaza come stabilimento. Ordini, fatture, lettere commerciali, l'intera vita amministrativa dispersa fra le macerie: il mondo seppe che in quel palazzo abusivo, fuori da ogni regola di sicurezza, si producevano capi di vestiario per prestigiose imprese occidentali.

I primi nomi che circolarono furono quelli di Walmart, El Corte Inglés, Bon Marché, Primark, Mango. Ma poi l'agenzia di stampa Associated Press fece circolare delle foto che mostravano la presenza, tra le rovine, di giacchetti a marchio Benetton e il ritrovamento di ordini su carta intestata di Benetton[7]. In un primo momento l'impresa negò qualsiasi coinvolgimento, ma poi, inchiodata dalle prove, ammise di avere

[7] G. Mezzofiore, "Rana Plaza Disaster: Benetton admits it "occasionally" made clothing at Bangladesh factory", *International Business Times*, 29 aprile 2013.

posto degli ordini, ma tramite un intermediario e in forma occasionale. Un anno dopo, il 17 marzo 2014, la trasmissione televisiva "Presa diretta" dimostrava che Olimpias, una filiale di Benetton, si approvvigiona regolarmente da fornitori bengalesi che non brillano per rispetto dei diritti dei lavoratori.

United business of Benetton

Per i movimenti che si occupano di diritti dei lavoratori, Benetton è una vecchia conoscenza. Nell'ottobre 1998 il sindacato turco Tekstil denunciò la presenza di lavoro minorile alla Bermuda, un'impresa di abbigliamento di Istanbul che produce anche capi di vestiario a marchio Benetton su ordine della Bogazici SA, agente di Benetton in terra turca. Il *Corriere della Sera* diede voce alla notizia e Benetton querelò la testata per diffamazione. Il processo si conclude nel 2003 con una sentenza quasi salomonica. Se da una parte condanna il quotidiano per alcuni errori di forma che ledono l'immagine di Benetton, dall'altra riconosce la veridicità dei fatti affermando che «l'utilizzo, nelle aziende subfornitrici del licenziatario turco di Benetton, di lavoratori-bambini a cui non sarebbe stato permesso, per ragioni di età, di essere impiegati nella produzione» è «circostanza risultata sostanzialmente provata»[8].

Benetton può essere considerato l'omologo di Nike in Italia. Il protagonista è Luciano, primo di quattro fratelli, della zona di Treviso che, invece di scarpe, si mette in testa di vendere maglioni puntando sul colore. Il suo primo negozio lo apre a Belluno nel 1968 per poi espandersi non solo in Italia,

[8] L. Ferrarella, "Nelle fabbriche turche c'erano baby-lavoratori", *Corriere della Sera*, 21 maggio 2003.

ma anche all'estero, soprattutto secondo il metodo del franchising, la cessione a terzi dell'uso del marchio per aprire negozi secondo regole e standard predefiniti. Nel 2014 di negozi a insegna Benetton se ne contano circa seimila in tutto il mondo.

In ogni caso, la storia più interessante è quella produttiva. Per procurarsi la merce, nel 1965 Luciano compra 250 macchine usate e avvia un maglificio a Ponzano Veneto. Nello stabilimento, tuttavia, si limita ad eseguire le fasi centrali della lavorazione, mentre appalta a domicilio quelle minori, come la rifinitura. Negli anni Settanta nuove leggi sulla sicurezza rendono impraticabile la produzione in casa e Benetton è costretto a ripensarci. Ma anziché richiamare tutte le fasi produttive nel proprio stabilimento, decide di rafforzare il lavoro esterno convincendo alcuni dipendenti ad aprire laboratori artigianali a cui appaltare fasi sempre più consistenti della produzione. Un sistema ingegnoso per liberarsi dei costi di investimento, per evitare i rischi legati alle bizzarrie del mercato, per pagare il lavoro il meno possibile, perché come unico datore di lavoro, Benetton può applicare la legge del bere o affogare. In altre parole lei definisce i tempi di consegna, lei impone i prezzi, lei stabilisce i tempi di pagamento.

In pochi anni pressoché l'intera struttura produttiva di Benetton è affidata a quattrocento laboratori esterni sparpagliati sul territorio per un totale di 8700 addetti. Una rete che Benetton fa funzionare dal suo centro operativo di Castrette, provincia di Treviso, grazie al lavoro di un migliaio di dipendenti che assegnano le mansioni, forniscono le materie prime, provvedono al trasporto tra uno stabilimento e l'altro, ritirano i prodotti finiti, mantengono i rapporti con i negozi.

Pur tra angherie e soprusi, negli anni Ottanta molti padroncini alle dipendenze di Benetton si arricchiscono raggiungendo standard di vita che comprendono fuoristrada, pellicce, vacanze prestigiose, fucili da caccia che per essere comprati richiedono l'intero stipendio di un anno di un loro operaio. A metà anni Novanta, però, la fortuna gira loro le spalle per la decisione di Benetton di trasferire altrove la produzione. La concorrenza globale ormai incalza, nuovi marchi si fanno spazio nel mercato-mondo a colpi di pubblicità e bassi prezzi. Se sul fronte comunicazione Benetton è al sicuro con Oliviero Toscani che usa la provocazione per attirare l'attenzione sul marchio, sul piano della riduzione dei prezzi deve scegliere tra due strade: rinunciare a quote di profitto o ridurre i costi. Ovviamente opta per la riduzione dei costi.

Benetton sa che i costi più bassi si spuntano in estremo Oriente, ma sa altrettanto bene che il grosso del suo mercato è in Europa. Meglio non allontanarsi troppo da casa. Del resto la soluzione c'è ed è a portata di mano. Nell'Europa dell'Est i regimi comunisti sono caduti, il loro sistema produttivo statale è in disfacimento, milioni di disoccupati sono disponibili a prendere il primo lavoro che trovano per pochi euro al giorno. Anche la legislazione è favorevole. Per richiamare investimenti esteri i nuovi governi offrono ogni forma di agevolazione: bassi regimi fiscali, garanzia di rimpatrio dei profitti, salari irrisori. La Serbia offre perfino contributi alle assunzioni e le imprese di ogni settore volano a frotte, in quelli che un tempo si chiamavano «Paesi oltre cortina»: Fiat, Marcegaglia, Indesit, Brembo, Augusta Westland, Gruppo Astaldi, Golden Lady, solo per citare alcune imprese italiane.

Ma le imprese dell'abbigliamento hanno un'agevolazione in più. Si chiama Tpp, una sigla che sta per "traffico di perfezionamento passivo", una di quelle formulazioni create da chi non vuole farsi capire. Tradotto, significa possibilità per i semilavorati dei Paesi dell'Unione Europea di migrare verso altri Paesi e tornare indietro come prodotti finiti in esenzione totale o parziale di dazi all'importazione. L'esempio può essere quello di un'azienda di abbigliamento italiana che invia tagli di stoffa in Moldavia, per riaverli indietro sotto forma di giacche finite, senza pagamento di dazi all'entrata.

Quando Benetton decide di allargarsi all'estero, replica lo stesso modello sperimentato in Italia. Crea dei centri operativi in Ungheria, Croazia, Spagna, Tunisia, in contatto costante con la centrale di Castrette nel frattempo diventata centro operativo europeo. Attraverso un sofisticato sistema di monitoraggio, Castrette sa in ogni minuto qual è la situazione nei magazzini dei suoi negozi e al primo accenno di penuria invia ordini di produzione ai centri operativi periferici. Che a loro volta si attivano per trasmetterli alla propria costellazione di fornitori.

La piattaforma periferica più grande è quella ungherese, che coordina l'attività dei terzisti ingaggiati in Ungheria, Ucraina, Repubblica Ceca, Polonia, Moldavia, Bulgaria e Romania. Tutti Paesi nei quali, secondo la campagna *Abiti puliti*, i salari minimi legali sono fissati al di sotto delle necessità minime per una famiglia di quattro persone. Peggio di tutti la Moldavia, dove il salario minimo è fissato a 71 euro al mese, un quarto di ciò che servirebbe per la vita dignitosa di una famiglia[9].

Incontro a est fra Benetton e Abramo

Nel 2011 Benetton approda anche in Serbia. Il governo di Belgrado ha assicurato novemila euro per ogni persona assunta, il corrispettivo di oltre un anno di stipendio. E lei ha aperto un nuovo polo industriale a Niš, terza città della Serbia. Per la stessa ragione nello stesso anno Fiat ha chiuso lo stabilimento di Termini Imerese per trasferirsi a Kragujevac.

[9] Clean Clothes Campaign, "Stitched up. Poverty wages for garment workers in Eastern Europe and Turkey", giugno 2014.

E così pure Golden Lady ha chiuso a Faenza per potenziare la fabbrica che già aveva a Loznica. 1600 licenziamenti nel primo caso, 350 nel secondo.

Oltre che mèta di imprese manifatturiere, l'Est europeo è anche terra di approdo di aziende di servizi offerti via telefono e via computer. Un esempio è quello dei call center, attività introdotta per la prima volta da Ford nel 1967 quando istituì un servizio telefonico per i reclami. Per agevolare i clienti, l'azienda telefonica AT&T attribuì al servizio il numero 800 e piacque così tanto che venne adottato in tutto il mondo come numero verde. Col tempo le aziende capirono che il servizio reclami poteva essere un'ottima occasione per avanzare offerte commerciali ai propri clienti. Così, accanto ai call center, concepiti come centri di ascolto, si svilupparono i contact center, concepiti come servizi di promozione commerciale.

All'inizio le aziende gestivano direttamente i propri servizi clienti, ma poi li hanno appaltati volentieri a imprese terze. In Italia le imprese specializzate in servizi clienti via cavo sono 1400 per un totale di 51.000 addetti, localizzati per il 40% nel Meridione[10]. «Non a caso», spiega Michele Azzola segretario nazionale Slc Cgil. «È tutto studiato per beneficiare della legge 407 del 1990, che riconosce l'abbattimento del 100% dei contributi previdenziali e assistenziali per tre anni a chi fa impresa nel Meridione assumendo disoccupati con contratti a tempo indeterminato. [...] Allo scadere dei tre anni il costo del lavoro aumenta e l'azienda si trova obbligata a maggiorare la tariffa. Ma il committente non ci sta. Per cui apre un altro centro sotto nuovo nome per beneficiare di nuovo della legge 407. Oppure subappalta il servizio ai "cantinari", aziende con 100-200 addetti che vanno avanti quasi totalmente con personale assunto a progetto»[11].

[10] Istat, "Indagine conoscitiva sui rapporti di lavoro presso i call center presenti sul territorio italiano", giugno 2014.

[11] Operatore451.blogspot.it.

Una provincia particolarmente affollata di call center è quella di Catanzaro. Il pesce grosso è Abramo Holding srl, un'impresa a controllo familiare che fino agli anni Novanta si occupava di tipografia. Poi, non vedendo rosa nel futuro della carta stampata, decise di investire nei servizi telefonici. Ma anche nella politica, considerato che Sergio, uno dei fratelli con ruoli importanti nella società, è stato prima sindaco, poi consigliere regionale, poi di nuovo sindaco di Catanzaro, carica che ricopre dal 2013.

Col tempo il gruppo Abramo riesce ad aggiudicarsi commissioni importanti come quella di Telecom Italia, Tim, Vodafone, Wind, Enel, Poste italiane, Rai, Inps, Treccani. Il risultato è un fatturato annuo di 120 milioni e un livello occupazionale di circa 4000 persone[12]. Nel giugno 2011 Abramo vince una nuova commessa da parte di Vodafone. La funzione da svolgere non è in ricezione, ma in chiamata. In altre parole bisogna chiamare a tappeto, parlare senza dare il tempo al malcapitato di replicare e strappargli un sì all'offerta fatta. Pratiche dubbie nel nostro Paese. E un po' per questo, un po' perché Vodafone ha imposto un prezzo particolarmente basso, Abramo decide che quella commessa non se la vuole giocare in Italia, tanto più che in casa ha un contenzioso. Nei call center sono entrati i sindacati che pretendono assunzioni a tempo indeterminato e diritti. La prospettiva è un costo del lavoro più alto che si traduce in minori profitti. Per tagliare la testa al toro, l'associazione padronale dei call center punta a uscire dal contratto nazionale delle telecomunicazioni e stipulare un contratto specifico per il settore che preveda un salario formato per una piccola parte da un compenso fisso e per il resto da una quota variabile in base ai risultati raggiunti. Ma è un traguardo incerto e di lungo termine. Nell'immediato servono altre soluzioni, e la più facile è por-

[12] "Abramo promette investimenti e occupazione", *Il Crotonese*, 10 novembre 2011.

tare l'attività dove il lavoro costa meno. Abramo coglie la palla al balzo della nuova commessa per annunciare che se ne andrà in Albania.

I sindacati gridano, scalpitano, ma i dirigenti della società tirano dritto. Volano a Tirana, fondano una società nuova di zecca che battezzano Albacall. Affittano una palazzina di due piani, l'attrezzano di tutto punto per ricavarci 130 postazioni e nel luglio sono pronti per l'inaugurazione. Al taglio del nastro c'è anche il ministro dell'economia albanese Dritan Prifti che invita altre imprese italiane a seguire l' esempio di Abramo. Sarà accontentato. Nel 2014 l'ambasciata italiana a Tirana registra la presenza di venti società di call center create da imprenditori italiani.

In Albania, Abramo si trova bene. I telefonisti, tutti giovani laureati poliglotti, si accontentano di 300-350 euro al mese. I loro colleghi italiani ne vogliono più di mille. E quando, qualche mese più tardi, stipula un accordo con Alitalia per svolgere servizio clienti di livello mondiale, cerca una nuova sede a Tirana sufficientemente grande da ospitare mille postazioni, con grande preoccupazione dei dipendenti di Catanzaro, Cosenza, Crotone, che temono per il loro posto di lavoro.

Il mondo retrobottega

Benetton e Abramo rappresentano i due modi utilizzati dalle imprese per trasferire la produzione all'estero, per "delocalizzare", come si dice in gergo, o per dirla all'inglese *to offshore*. L'uno basato sulla ricerca di imprese locali a cui appaltare la produzione; l'altro basato sull'impianto di proprie attività produttive. L'obiettivo è il medesimo: abbassare i costi di produzione approfittando del fatto che per condizione storica, politica ed economica, ogni Paese ha i propri livelli salariali, il proprio regime fiscale, la propria legislazione ambientale.

Il caso Abramo mostra anche che ormai non c'è settore produttivo che non sia interessato ai processi di delocalizzazione. L'industria dell'elettronica, tanto per fare un esempio, fin dall'inizio ha trasferito tutte le fasi ad alta manovalanza fuori d'Europa e Stati Uniti. Gli stabilimenti di componenti e di assemblaggio sono spuntati come funghi in Messico, Filippine, Singapore, Malesia e naturalmente in Cina. Per la maggior parte appartenenti a imprese asiatiche che lavorano come terzisti per Ibm, Apple, Microsoft, Alcatel, Nokia, Canon e molti altri produttori di personal computer, televisori, cellulari, orologi, fotocopiatrici.

La più grande impresa del mondo di produzione e assemblaggio di componenti elettronici è Hon Hai, meglio nota come Foxconn. Fondata nel 1974 a Taiwan da tale Terry Gou, ha cominciato con lo stampaggio di gusci televisivi nel retro di un magazzino e in pochi anni è diventata una multinazionale con oltre un milione di dipendenti sparsi in una cinquantina di stabilimenti in Asia, America Latina ed Europa dell'Est, tra cui Ungheria e Repubblica Ceca. Il grosso delle sue attività restano in Cina, con stabilimenti che fanno paura non solo per le dimensioni, ma soprattutto per le condizioni di vita e di lavoro.

Per la maggior parte giovani immigrati provenienti dalle zone interne della Cina, la vita dei dipendenti è fatta di duro lavoro che ha come ricompensa un misero salario e l'accomodamento in dormitori sovraffollati più simili ad accampamenti per profughi che a luoghi di riposo. Spazi gestiti con disciplina da caserme perché la mentalità alla Foxconn è che gli operai vanno domati. Parola di Terry Gou, che il 15 gennaio 2012, durante una visita alla zoo di Taipei, Taiwan, affermò: «Il mio gruppo impiega oltre un milione di persone che come esseri umani sono anche animali. Gestire un milione di animali mi procura un certo mal di testa. Dovrei imparare come trattarli da Chin Shih-chien, direttore dello zoo»[13]. E qualche giorno dopo il direttore dello zoo tenne veramente un corso ai dirigenti aziendali del gruppo. Senza grandi risultati considerato che continuò la catena di suicidi tra i dipendenti degli stabilimenti cinesi. Quattordici nel 2010, quattro nel 2011, due nel 2013. Tutti lanciandosi dal balcone. Ma invece di pensare a un cambio di condizioni di vita e di lavoro, Terry Gou sta progettando di sbarazzarsi del fattore umano introducendo robot.

L'avvento dell'informatica è passato alla storia come la terza rivoluzione industriale perché ha introdotto profondi cambiamenti in tutti gli ambiti. Quello della produzione, del consumo, degli stili di vita. Ma la vera rivoluzione è l'interazione tra informatica e vie telefoniche, che ha facilitato la trasmissione dati al punto di eliminare ogni distanza. E proprio la possibilità di inviare e ricevere informazioni in tempo reale, da qualsiasi punto del pianeta, sta alla base della globalizzazione. Quando da New York puoi dialogare con la Cina come se il tuo interlocutore fosse di fronte a te, e nel contempo puoi rovistare nel suo archivio, controllare il suo magazzino, verificare la qualità di ciò che produce, puoi usarlo senza nessun problema come tuo braccio operativo. Tant'è che con l'esplodere del web, anche un altro settore è fuggito dal Nord industrializzato, questa volta provocando danni agli impiegati in colletto bianco, non agli operai con la spolverina. Stiamo parlando della IT, *Information Technology*, tutto quell'insieme di attività che si riferiscono alla programmazione ed elaborazione dati. Il fenomeno ha preso avvio a metà anni Novanta e non ha avuto come epicentro le Filippine o la Cina, bensì l'India.

[13] www.wantchinatimes.com, "Foxconn chairman likens his workforce to animals", 19 gennaio 2012.

Nell'immaginario collettivo l'India è il Paese delle vacche sacre, dei templi e dell'esercito di miserabili, ma gomito a gomito con i 300 milioni di poveri, o quelli che sono, in India vive anche una categoria di benestanti che mangiano oltre il necessario, si muovono in auto e aereo, possono permettersi una buona istruzione per i propri figli. Dalle università di Delhi, Mumbai, Calcutta, Madras, Kanpur, ogni anno escono frotte di ingegneri informatici capaci di fare le scarpe ai loro colleghi statunitensi o europei. Con una differenza: vivendo in un Paese più povero, si accontentano di stipendi più bassi. Anche sette volte di meno dei loro colleghi occidentali. Il che ha sempre rappresentato un elemento di grande interesse per le imprese globalizzate.

Una delle prime multinazionali che decise di sfruttare questa circostanza favorevole fu British Airways. Era il 1996, internet ormai era una realtà, mentre la compagnia non navigava in buone acque. Aveva assoluto bisogno di tagliare i costi per recuperare profitti e decise che poteva riuscirci trasferendo in India una serie di attività considerate di retrobottega. La strategia che privilegiò fu la creazione di una propria società: con un milione di sterline fondò la Speedwing World Network Services (SWNS) con sede a Mumbai dove sorgeva un importante aeroporto internazionale. Fu un successo. Il personale ben addestrato e le paghe basse permisero un risparmio tra il 40 e il 60%.

British Airways divenne un modello che molti imitarono. Dopo il Duemila, il numero di multinazionali che correvano in India per godere dei suoi servizi informatici crebbe in maniera esponenziale. Non solo linee aeree, ma anche banche, catene commerciali, case automobilistiche. Tuttavia la via prediletta non fu quella di gestire il servizio tramite proprie filiali, ma di appaltarlo a società locali che nel frattempo si erano moltiplicate, in particolare a Bangalore, nel Sud del Paese, nello Stato del Karnataka.

Nota ai turisti come la città dei templi, Bangalore è anche soprannominata la Silicon Valley dell'India, tutto per merito di Ram Krishna Baliga, un ingegnere che dopo aver trascorso qualche anno negli Stati Uniti al servizio della General Electric, tornò in India per assumere, nel 1976, la guida dell'azienda di Stato del Karnataka dedicata all'elettronica. Deciso a dare impulso al settore, nel 1978 istituì una sorta di città dell'elettronica, una vasta area destinata ad accogliere centri di ricerca e aziende. Fu grazie a questa fruttuosa collaborazione tra mondo accademico e settore produttivo che si svilupparono aziende diventate famose in tutto il mondo come Infosys, Wipro, Tata consulting services.

Nel 1990 l'area venne ampliata e oggi il distretto elettronico di Bangalore ospita più di 1500 imprese, in parte di origine indiana, in parte filiali di potenti multinazionali, che complessivamente impiegano 160mila persone. Col tempo altri distretti elettronici sono sorti in India e oggi il settore genera un valore di oltre sessanta miliardi di dollari con un milione e duecentomila addetti[14]. Benché altri Paesi del mondo si siano organizzati per fornire servizi elettronici, l'India continua a rimanere in testa alla classifica.

Organizzazione mondiale degli affari

Le multinazionali hanno sognato a lungo di potersi muovere in tutta libertà sullo scacchiere mondiale, ma per farlo dovevano eliminare un ostacolo: la sovranità degli Stati che avevano il potere di porre limiti agli investimenti stranieri e di erigere barriere alla circolazione di merci, servizi e capitali. Per questo a fine anni Ottanta lavorarono ai fianchi di

[14] G. Balatchandirane, "IT clusters in India", Institute of developing economies, Discussion paper 85, gennaio 2007.

tutti i governi affinché si impegnassero ad eliminare ogni sorta di vincolo e al contrario adottassero regole comuni in ambito commerciale, finanziario, industriale, tali da trasformare il mondo intero in un unico mercato, un unico villaggio produttivo, un'unica piazza finanziaria. Il grande risultato l'ottennero nel 1995 quando tutti i governi del mondo, o quasi tutti, non solo firmarono un maxi accordo che li impegnava ad adottare subito regole comuni che favoriscono gli scambi commerciali e la libera circolazione dei capitali, ma istituirono l'Organizzazione mondiale del commercio, in sigla Omc secondo la dicitura italiana, Wto secondo la dicitura inglese, col duplice compito di garantire il rispetto del maxi accordo e proseguire le trattative per l'adozione di nuovi trattati utili ad agevolare ulteriormente gli affari. Una struttura con sede a Ginevra, che per funzionare impiega oltre seicento persone per un costo complessivo, nel 2013, di oltre 163 milioni di euro. L'Italia, come settimo contribuente, partecipa con 5 milioni e mezzo[15].

In materia di diritti umani e civili, l'umanità non è altrettanto attrezzata. Non dispone di accordi altrettanto stringenti, tanto meno di sistemi che forzino gli Stati a rispettarli. Ma dove hanno fallito i cittadini hanno potuto le imprese, che tramite il Wto usufruiscono di una tutela immensa dei propri interessi: commerciali, finanziari, produttivi. Basti dire che il Wto è l'unico accordo internazionale dotato di un meccanismo per piegare la volontà degli Stati: si chiama legge del taglione ed è attivato da un tribunale, interno al Wto, a cui ogni Stato può appellarsi ogni volta che ritiene di essere danneggiato da leggi assunte da altri membri in contrasto con gli accordi del Wto. Una delle prime realtà ad averne subito le conseguenze è stata l'Unione Europea colpevole di avere proibito la commercializzazione della carne agli ormoni.

[15] http://www.wto.org/english/thewto_e/secre_e/contrib13_e.htm

Gli antefatti risalgono al 1977 quando 83 maschietti tra i 3 e i 13 anni, ospiti della scuola del Sacro Cuore di Milano, videro gonfiarsi le mammelle. Ma anche le bambine tra i 3 e gli 8 anni avevano mostrato una crescita abnorme del seno, mentre alcune suore avevano dovuto ricorrere alle cure ospedaliere per dolori mestruali fuori dall'ordinario. I medici che si occuparono del caso imputarono i disturbi a un'assunzione eccessiva di estrogeni, ma nessuno capiva per quale via potessero essere penetrati nei corpi dei malcapitati. In seguito vennero condotti esami sulla carne servita alla mensa e si capì che gli estrogeni venivano dal cibo.

Mesi dopo, in altre parti d'Europa vennero riportati casi di anomalie connesse al consumo di carne agli ormoni e tra l'opinione pubblica montò un tale clima di panico che nel 1988 l'Unione pose il divieto totale alla commercializzazione di carne agli ormoni. Non avendo altra scelta, gli allevatori europei si adattarono alla nuova disciplina, ma quelli statunitensi entrarono sul piede di guerra perché negli Stati Uniti gli ormoni erano ammessi. E non avendo la possibilità di piegare la volontà dell'Europa con mezzi legali, Reagan fece scattare la rappresaglia innalzando i dazi doganali su vari prodotti europei.

Per qualche anno fu guerra commerciale selvaggia, ma con l'istituzione del Wto, gli allevatori americani intravidero la possibilità di aprire un caso legale. Uno dei nuovi trattati che il Wto si portava in dote, si concentrava sulle regole fitosanitarie affermando che nessun Paese può introdurre divieti alle importazioni di merci per motivi sanitari, senza chiare evidenze scientifiche dei loro danni. Secondo l'associazione statunitense degli allevatori, e anche secondo Monsanto, che l'ormone lo produceva, non c'erano prove sufficienti per affermare che la carne agli ormoni fosse nociva. Per cui intervennero sul governo degli Stati Uniti affinché aprisse un contenzioso di fronte al tribunale del Wto.

Nell'aprile 1996, anche col sostegno di Canada, Australia e Nuova Zelanda, Mickey Kandor, rappresentante Usa al Wto, formalizzò l'atto di accusa contro l'Unione Europea. Il caso era di carattere sanitario, il buonsenso suggeriva una commissione giudicante formata da esperti sanitari, invece la giuria comprendeva un avvocato e due diplomatici, ma di scienziati neanche l'ombra. L'Unione Europa si difese invocando il principio di precauzione, ma non essendo contemplato nel trattato, la giuria non lo prese in considerazione e dichiarò l'Unione Europea colpevole di violazione. Secondo il verdetto finale, emesso nel gennaio 1998, l'Unione Europea aveva 15 mesi di tempo per togliere il divieto, dopo di che gli Stati Uniti avrebbero potuto assumere contromisure. L'Europa non indietreggiò e, nel luglio 1999, gli Stati Uniti vennero autorizzati ad applicare ritorsioni sotto forma di dazi doganali.

Le autorità statunitensi decisero che i prodotti da colpire dovevano essere prevalentemente quelli francesi, italiani, danesi, tedeschi, perché i loro Paesi, più degli altri, avevano insistito per mantenere il divieto. La scelta ricadde sul prosciutto cotto, il paté de foi gras, il formaggio Roquefort, i tartufi e i pomodori in scatola. Ciò che non avevano messo in conto, gli americani, era la rabbia dei pastori francesi che vedendosi ridurre le esportazioni di formaggio, reagirono a loro volta con la legge del taglione. Ma non secondo le regole del Wto, bensì di chi si fa giustizia da solo. Capeggiati da José Bové, segretario del sindacato dei contadini, sfasciarono il fast food che McDonald's aveva in costruzione a Millau, nella regione dei Pirenei. Fu la scintilla da cui scaturì quella che venne battezzata la battaglia di Seattle nel novembre 1999, la piccola guerriglia urbana che provocò la brusca battuta di arresto della corsa del Wto, considerata da tutti inarrestabile.

Nuove strade per stessi obiettivi

La guerra della carne agli ormoni si concluse nel 2009 con un accordo tra le parti che riconosceva all'Europa il diritto di mantenere il divieto all'importazione in cambio di altre concessioni commerciali nei confronti degli Stati Uniti. Forza dell'Europa e debolezza degli Stati Uniti? Nient'affatto. Il non detto è che nel frattempo Europa e Stati Uniti avevano intrapreso un altro percorso di collaborazione su temi di portata ben più ampia di qualche bistecca, per cui era necessario sgomberare il campo dai piccoli contenziosi. Stiamo parlando dell'Accordo di partenariato transatlantico, in sigla Ttip, per la cui comprensione è necessario un passo indietro.

Quando il Wto venne istituito, nel 1995, c'era molta euforia in ambito imprenditoriale. C'era la convinzione che di lì a poco sarebbero stati perfezionati altri accordi, nuove regole che avrebbero ulteriormente difeso gli affari. In particolare le imprese erano interessate a un accordo che obbligasse gli Stati a concedere alle aziende private, di qualunque nazionalità esse fossero, la gestione dei servizi pubblici. Inoltre volevano un accordo che le mettesse al riparo dal rischio di nazionalizzazioni e altre scelte compiute dai governi in nome del bene comune. Ma la battaglia di Seattle aveva lasciato il suo segno e qualche governante del Sud ora ci andava più cauto prima di mettere la sua firma sotto a nuovi trattati. Le aspettative rispetto al Wto si raffreddarono e le imprese si convinsero che andavano battute altre vie per raggiungere gli stessi obiettivi.

L'alternativa si chiama "accordi regionali e bilaterali", ossia stipulati tra pochi Paesi o addirittura due soli. Il limite di simili trattati è che l'area interessata è ridotta, ma accordo dopo accordo si può giungere a coprire una bella fetta di mondo. Del resto la formula dell'accordo bilaterale era già stata ampiamente sperimentata per la protezione degli investimenti effettuati dalle imprese di un Paese nel territorio dell'altro. Il primo accordo in tal senso era stato stipulato nel 1959 tra Germania e Pakistan, e si limitava a pochi punti come il divieto di esproprio, il riconoscimento di indennizzo nel caso in cui questo evento si fosse comunque verificato, la garanzia del diritto di espatriare i profitti. In pratica, la Germania riconosceva alle imprese pakistane impiantate sul proprio territorio i diritti di cui sopra e altrettanto faceva il Pakistan verso le imprese tedesche che avevano investito in casa sua.

Nel tempo, sono stati stipulati tremila trattati bilaterali sugli investimenti, assai sofisticati e molto favorevoli alle imprese. L'Italia stessa ne ha firmati un'ottantina. La Germania addirittura 125[16]. Ma uno degli accordi che ha fatto scuola è stato il Nafta, trattato stipulato fra Stati Uniti, Messico e Canada ed entrato in vigore il 1° gennaio 1994. In materia di investimenti prevede perfino l'obbligo per lo Stato ospitante di garantire un quadro giuridico interno caratterizzato da stabilità, prevedibilità e coerenza. Un chiaro monito a non cambiare le leggi. E chi lo fa deve sapere che qualora la nuova norma arrechi danno alle imprese estere impiantate nel Paese ospitante, queste possono chiedere un indennizzo per il danno subito. Molti accordi sugli investimenti hanno ripreso questa clausola e il numero di imprese che pretendono un indennizzo per i danni subiti dall'introduzione di nuove leggi è in crescita.

I giudizi possono tenersi in varie sedi internazionali, le parti decidono quale. Una sede storica è la Banca Mondiale che già dal 1965 dispone di un centro per la risoluzione delle controversie sugli investimenti. La sua sigla è Icsid, secondo la terminologia inglese, o Cirdi secondo quella francese.

Da metà anni Novanta fino al 2014, sono stati contati 568 contenziosi tra Stati e imprese, alcuni dei quali fortemente

[16] Unctad, "Bilateral Investment treaties 1959-1999", 2000.

allarmanti da un punto di vista della sovranità popolare e del bene comune[17]. Per esempio, nel 1997 Ethyl Corporation citò per danni il governo canadese, a seguito di una legge introdotta a tutela della salute dei cittadini e dell'ambiente. Pur statunitense, Ethyl aveva uno stabilimento in Canada per la produzione di un additivo al manganese destinato alla benzina. Giudicandolo nocivo, nel 1997 il Canada vietò l'importazione e il trasporto dell'additivo, limitando di fatto l'attività di Ethyl che ne importava forti quantitativi e lo commercializzava in tutto il territorio canadese. La multinazionale, però, fece ricorso e in quanto impresa straniera tutelata dal Nafta, poté ottenere un indennizzo di 19 milioni di dollari. Segno evidente di un mondo alla rovescia dove l'interesse privato vale di più di quello collettivo.

Un altro caso inquietante riguarda l'Australia. Considerato che in questo Paese il fumo provoca ogni anno quindicimila morti, nel 2011 il parlamento australiano ha attuato un piano antifumo che prevede anche nuove norme per il confezionamento di sigarette. Da studi svolti, era stato appurato che i colori e le scritte esercitano un'attrattiva sui consumatori, per cui è stata varata una legge che impone di avvolgere le sigarette in confezioni bianche, totalmente prive di scritte o disegni, salvo il nome del produttore in un angolo della chiusura. A Philip Morris la cosa non è piaciuta e appellandosi al fatto di agire in Australia come impresa straniera iscritta ad Hong Kong, ha invocato l'accordo sugli investimenti sottoscritto tra i due Paesi per chiedere il ritiro della legge o il pagamento dei danni. Alla data di pubblicazione di questo libro, la controversia è ancora in corso presso una Corte di Singapore.

A partire da questi casi, risulta più chiaro perché il nego-

[17] http://corporateeurope.org/international-trade/2014/04/still-not-loving-isds-10-reasons-oppose-investors-super-rights-eu-trade.

ziato tra Unione Europea e Stati Uniti crea grande allarme. Tanto più che le trattative sono condotte in gran segreto. Nessuno può assistere agli incontri, al di fuori dei membri della delegazione designata dalla Commissione Europea, che però subisce sicuramente forti pressioni da parte delle associazioni imprenditoriali, viste le dinamiche esistenti a Bruxelles e ampiamente documentate dall'organizzazione Corporate Europe Observer[18]. In questo scenario il timore è che il Ttip (Transatlantic trade investment partnership) venga usato come testa d'ariete per abbassare gli standard sanitari, ambientali, sociali, sulle due sponde dell'Atlantico. Con la scusa che il libero flusso di merci, capitali e investimenti richiede norme unificate, c'è il rischio che l'allineamento avvenga al livello più basso. Per esempio, in materia di ogm è più facile che venga imposta la loro commercializzazione in Europa, piuttosto che essere vietata negli Stati Uniti dove gli ogm già si trovano in tutti i supermercati. Come è più facile che venga esteso ovunque il permesso di vendere carne agli ormoni o polli al cloro, piuttosto che proibirli per tutti.

Ed anche rispetto ai servizi c'è il rischio che si vada verso una totale libertà per le imprese di gestire capitali, investimenti e attività finanziarie a proprio piacimento mentre ai governi siano imposti un'infinità di obblighi e limitazioni per agevolare gli affari e garantire profitti alle spalle della comunità. Del resto nel documento firmato il 30 aprile 2007 da George Bush, Angela Merkel e José Manuel Barroso, per l'avvio del rapporto di collaborazione transatlantica, si legge che obiettivo comune è quello «di rimuovere le barriere al commercio transatlantico, razionalizzare, riformare e in generale ridurre le regole al fine di rafforzare il settore privato»[19].

[18] http://corporateeurope.org/

[19] http://www.eeas.europa.eu/us/docs/framework_trans_economic_integration07_en.pdf

3

Il mito della crescita impossibile

Sedotti e abbandonati

Una caratteristica del capitalismo è l'imprevedibilità. Organizzato attorno a un obiettivo (massimizzare i profitti) e una filosofia (che vinca il più forte), le sue strategie cambiano di continuo in base alle opportunità che il contesto può offrire. Spesso con ottimi risultati come la globalizzazione conferma. L'elemento di prova è fornito dalla divisione della ricchezza prodotta. Negli ultimi trent'anni, a livello mondiale, la quota di prodotto lordo assegnata ai salari è scesa costantemente passando dal 62% nel 1980, al 54% nel 2012[1]. Nei Paesi più ricchi è andata anche peggio: tra il 1980 e il 2010, la quota di prodotto lordo andata ai salari è diminuita mediamente del 10%, passando dal 75% al 65%[2]. In Italia la diminuzione è stata addirittura dell'11,8%, contro il 6,2% della Francia e il 4,2% del Giappone[3].

La riduzione salariale è solo una faccia della medaglia.

[1] Cnuced, "Rapport sur le commerce et le développement 2013", settembre 2013.

[2] E. Stockhammer, "Why have wage shares fallen?", International Labour Office, 2013.

[3] S. Perri, "Il falso paradosso del costo del lavoro", *Economia e politica*, 3 gennaio 2011.

L'altra, almeno per ciò che concerne il Nord del mondo, è l'aumento della disoccupazione. Nessuno sa quanti posti di lavoro siano stati persi e si continuino a perdere, nei Paesi di prima industrializzazione, a causa dei trasferimenti produttivi nei Paesi a bassi salari. Ma è un fatto che molti settori continuano ad assottigliarsi. Hackett Group, una multinazionale specializzata in consulenza aziendale, stima che in Europa e Nord America, il settore dei servizi informatici e finanziari perda ogni anno 250mila posti e che entro il 2017 il totale dei posti persi, rispetto al 2002, sarà vicino a quattro milioni[4]. Ancora peggio per il settore manifatturiero. L'istituto americano ITIF stima che nel decennio scorso gli Stati Uniti abbiano perso quasi sei milioni di posti[5], di cui due per la predominanza commerciale della Cina[6]. In Europa non è andata certo meglio. Tra il 1995 e il 2009 sono stati persi cinque milioni di posti[7]. Se consideriamo che l'emorragia è continuata anche negli anni successivi e che tra il 2008 e il 2013 sono stati persi altri tre milioni e mezzo[8], arriviamo a una perdita complessiva di otto milioni in venti anni.

In conclusione un numero crescente di persone, anche nella nostra parte di mondo, sta scoprendo la crudeltà dell'ideologia mercantile che divide l'umanità in due categorie: gli utili e gli inutili. I primi necessari al sistema come lavoratori, come consumatori o come entrambi. I secondi inutili da qualsiasi punto di vista e per questo ritenuti zavorra.

Pur tra alti e bassi, noi abitanti d'Europa eravamo abitua-

[4] The Hackett Group, "Offshoring, technology, slow growth driving over 250000 lost jobs each year in finance, IT, other key area", 10 settembre 2013.

[5] R.D. Atkinson e altri, "Worse than the great depression: what experts are missing about American manufacturing decline", marzo 2012.

[6] R.E. Scott, "The China toll", EPI briefing paper, 23 agosto 2012.

[7] R. Stöllinger e altri, "A 'Manufacturing Imperative' in the EU – Europe's Position in Global Manufacturing and the Role of Industrial Policy", Wiiw Research reports 391, ottobre 2013.

[8] European Commission, "Communication from the Commission to the European Parliament", COM(2014) 14/2.

ti a considerarci inseriti nella categoria degli utili. Prima solo come lavoratori da sfruttare e per questo tenuti in povertà. Poi anche come consumatori da mungere e per questo messi all'ingrasso. Per qualche decennio siamo anche riusciti a obbligare il sistema a venire a patti con i bisogni sociali ed è stato in quel periodo che abbiamo maturato la convinzione di avere l'interesse a unirci in matrimonio con lui. Ma ora che ha disarcionato tutti i fantini e che può fare il cavallo pazzo per la prateria globale, il sistema mercantile sta tornando a mostrare la sua vera faccia. Quella di Mangiafuoco che affonda le sue mani nella massa umana per esaminarci uno a uno e decidere chi può fargli comodo. Quelli che può usare come burattini, li ammassa nel retrobottega del suo grande teatro. Tutti gli altri li getta in discarica. Altra conferma che come persone non esistiamo. Siamo soltanto sagome di cartone da alzare o abbassare in base ai calcoli di guadagno delle imprese. Un giorno trattati come lavoratori ben pagati che debbono consumare fino a scoppiare. Il giorno dopo messi alla porta condannati a vivere nella miseria, senza lavoro e senza stipendio.

Il segnale che ci giunge è chiaro: dobbiamo prepararci ad arruolarci nell'esercito degli inutili che già comprende le masse di diseredati del Sud del mondo. Le avvisaglie sono nei numeri. Quelli della disoccupazione prima di tutto. Ma già stabilire chi sono i disoccupati è un'avventura. Secondo gli istituti di statistica il "disoccupato doc" deve rispondere a due requisiti: desiderare un lavoro salariato e darsi da fare per trovarlo. Nell'Europa dei ventisette le persone in questa condizione sono una trentina di milioni, pari al 12% della forza lavoro[9]. In Italia, novembre 2014, sono 3,4 milioni pari al 13,4%[10]. Ma gli istituti di statistica ci avvertono che oltre ai

[9] Per "forza lavoro" si intende la sommatoria di coloro che hanno un'occupazione retribuita e di coloro che desiderano averne una.

[10] Istat, "Novembre 2014. Occupati e disoccupati", 7 gennaio 2015.

disoccupati che cercano attivamente lavoro, ce ne sono altri che pur volendolo non lo cercano perché hanno perso le speranze. Tecnicamente definiti inattivi o scoraggiati, in Italia, rappresentano un esercito di altri tre milioni di persone[11].

I giovani sono tra i più colpiti. In Italia la popolazione tra i 15 e i 34 anni, anno 2013, ammonta a 13.205.000 giovani. Di essi 4.056.000 studiano (31%) e 5.307.000 lavorano (40%). Mancano all'appello 3.842.000 giovani, il 29% del totale, e nessuno sa cosa facciano. Sono i famosi "Neet", sigla inglese che sta per *Not in Education, Employment or Training*. Né studiano, né lavorano, probabilmente non si alzano neanche da letto perché non hanno prospettiva di vita. Giovani a carico delle famiglie, pensionati alla rovescia, tant'è che il 66,8% di tutti i giovani tra 15 e 34 anni, quasi nove milioni, vivono ancora con i genitori, indipendentemente da ciò che fanno, perché anche molti di quelli che lavorano non sanno come sbarcare il lunario. Il 25% di loro ha un lavoro a termine, il 21% un lavoro part time[12]. Praticamente persone a rischio povertà.

Sedotti e abbandonati, ecco cosa siamo. Prima braccati per impedirci di non avere altro modo di provvedere a noi stessi se non vendendo il nostro lavoro. Poi, una volta convinti che l'importante è guadagnare tanti bei soldi per comprare tutto quello che la pubblicità fa sognare, ci hanno strappato il tappeto da sotto i piedi. Ci hanno lasciato senza lavoro e senza soldi con le vetrine piene di ogni novità che alimenta i nostri desideri. E scoppia la protesta. Nell'agosto 2011, la polizia di Londra uccide un ventinovenne di colore nel quartiere di Tottenham. La versione ufficiale è legittima difesa, ma per i familiari si tratta di omicidio ingiustificato. In alcune centinaia protestano davanti alla stazione di polizia senza inciden-

[11] Istat, "Disoccupati, inattivi, sottoccupati", 11 aprile 2013.
[12] Istat, "Rapporto annuale 2014", 28 maggio 2014.

ti, ma nei giorni successivi scoppiano proteste spontanee non solo a Londra, ma anche a Manchester, Croydon e molte altre città: auto incendiate, vetrine sfondate, negozi assaltati. È inutile cercare una connessione con l'uccisione di Mark Duggan. La rivolta non è etnica, molti dei manifestanti sono bianchi. Non è neanche contro la polizia. È contro tutti. È la protesta dei giovani disoccupati che sfogano la loro rabbia di emarginazione contro l'intera società che li ha traditi. Avevano avuto la promessa di lavoro, successo, vita agiata. Hanno ricevuto disoccupazione, emarginazione, povertà.

La guerriglia durerà tre giorni, il bilancio finale sarà di 4.000 arresti e 1.111 negozi assaltati. Non solo supermercati e fast food, ma soprattutto negozi di moda e apparecchiature elettroniche. La rivolta nel XXI secolo non è per il pane, ma per il telefonino.

I conti senza l'oste

Ricondurre la disoccupazione alla sola globalizzazione sarebbe parziale. Un'altra grande responsabilità ce l'hanno la crisi finanziaria che ha investito tutto il mondo occidentale nel 2008 e il debito pubblico, due temi attorno ai quali circolano un'infinità di menzogne[13]. Ma un'analisi delle due problematiche ci porterebbe troppo lontano e siamo costretti a lasciarle cadere. È un fatto, tuttavia, che di fronte alla rabbia che sta salendo in tutta Europa, i governi sono costretti a fare qualcosa per l'occupazione. Peccato che le strade che hanno deciso di battere stiano totalmente nel solco dell'ideologia mercantile, per cui non solo non risolveranno il problema, ma ne creeranno di nuovi.

Vivessimo in un'Europa normale, vale a dire organizzata

[13] Cfr. F. Gesualdi, *Le catene del debito*, Feltrinelli, Milano 2013.

per servire i cittadini e non solo le banche, questo sarebbe il tipico momento in cui bisognerebbe stampare nuova moneta per permettere ai governi di assumere milioni di disoccupati da occupare nella miriade di bisogni collettivi insoddisfatti: dalla rimessa in sicurezza dei fiumi, alla riparazione degli edifici pubblici, dal potenziamento del personale sanitario e scolastico alla presa in cura di persone emarginate, dalla seria organizzazione del riciclaggio dei rifiuti, alla ricerca scientifica. Magari in associazione con la riduzione generalizzata dell'orario di lavoro.

Invece no. L'unico comparto da cui ci si attende la creazione di posti di lavoro è quello privato, che però pretende condizioni favorevoli. Due in particolare: un basso costo del lavoro e una spesa più alta da parte dei cittadini. Ecco perché tutti i governi promettono al tempo stesso riduzione delle tasse e la così detta riforma del lavoro. La prima per lasciare ai cittadini più soldi da spendere. La seconda per lasciare alle imprese più libertà di licenziamento.

L'intero pacchetto è strombazzato come promozione della crescita, ma sulla possibilità di riuscita permangono dubbi. Pretendere di promuovere occupazione in ambito privato, senza imprimere una svolta ad austerità e globalizzazione selvaggia, che sono all'origine del problema, è come pretendere di rilanciare un auto col freno a mano tirato.

Ciò che stupisce di più, tuttavia, è che tutti propongono la crescita come via d'uscita, dimenticando che non siamo all'anno zero dello sviluppo produttivo. Benché in crisi, continuiamo ad essere un Paese con un Pil pro capite di venticinquemila euro all'anno. Consumiamo 90 kg di carne pro capite all'anno, abbiamo 52 auto ogni 100 abitanti, abbiamo più di un telefonino a testa. E se misuriamo la quantità di materia racchiusa nei beni che consumiamo ogni anno, sono 16 tonnellate a testa, che diventano 50 se consideriamo anche gli "zaini ecologici", ossia i materiali utilizzati e i rifiuti rilasciati lungo le filiere produttive[14]. Il punto è che questo consumo di materiale il pianeta non se lo può permettere. O meglio, l'umanità non se lo può permettere se vuole garantirsi un futuro.

Perfino le tecnologie moderne rischiano un contraccolpo, a causa della scarsità di risorse. Nel 2009 il dipartimento dell'energia degli Stati Uniti fu costretto a rinviare l'obbligo di produrre lampade al fluoro di seconda generazione a causa dell'elevato prezzo dei minerali implicati: l'europio, il terbio e altri metalli definiti terre rare per la loro scarsa diffusione. I pannelli solari sottili hanno bisogno di tellurio che rappresenta lo 0.0000001% della crosta terrestre, tre volte più raro dell'oro. Le batterie ad alta efficienza energetica hanno bisogno di litio che è estratto facilmente solo nei depositi salmastri delle Ande. Il platino, usato come catalizzatore nelle celle che trasformano l'idrogeno in energia elettrica, proviene quasi esclusivamente dal Sudafrica. Ma il vero monopolista delle terre rare è la Cina, che controlla il 97% della produzione: quando, nel 2011, decise di ridurne la vendita per un contenzioso col Giappone, i prezzi aumentarono del 750% mettendo in difficoltà molti settori moderni.

Il petrolio e il gas sono altre due risorse che stanno andando verso il tramonto e benché oggi si faccia finta che il problema non esista perché si sono inventate nuove tecnologie che consentono di estrarre petrolio e gas da materiale bituminoso sotterraneo, in realtà i problemi di approvvigionamento persistono. L'ostacolo si chiama incompatibilità ambientale. Le tecnologie utilizzate, oltre a lasciare sul terreno abbondanti quantità di detriti tossici, debbono utilizzare enormi quantità di acqua che non sempre c'è. Nel 2014 un rapporto di Ceres, istituto ambientalista americano, ha gettato una doccia fredda sull'entusiasmo suscitato dal gas di origine bitu-

[14] Commissione Europea, "Roadmap to a Resource Efficient Europe", 20 settembre 2011; Wuppertal Institut, "Futuro Sostenibile", 2011.

minosa (*shale gas*) di cui gli Stati Uniti sembrano particolarmente ricchi. Il rapporto ha messo in evidenza che il 47% dei depositi si trova in zone povere d'acqua, creando seri problemi per l'estrazione[15].

Sos cibo

Prima dell'energia, è sicuramente l'acqua la risorsa più problematica per l'umanità. Se nel 1950 a livello mondiale se ne consumavano 1.382 chilometri cubi, nel 2010 eravamo a 4.431, mentre si prevede che nel 2025 saremo a 5.235. Una crescita ritenuta insostenibile perfino da potenti multinazionali come Nestlé che stanno investendo somme importanti per lo stoccaggio e risparmio di acqua. BHP Billiton e Rio Tinto, due delle più grandi multinazionali minerarie del mondo, nel 2013 si sono accordate per costruire in Cile un desalinizzatore per un costo di tre miliardi di dollari. Complessivamente dal 2011 al 2014, le imprese hanno speso più di 84 miliardi di dollari per garantirsi l'approvvigionamento di acqua e utilizzarla in maniera più efficiente. La questione sta preoccupando anche gli analisti di borsa, secondo i quali «la scarsità di acqua sta cominciando a mordere anche sul piano finanziario»[16].

«Il whisky è per bere, l'acqua per combattersi» sosteneva Mark Twain, autore di *Vita sul Mississippi*. Il Senato americano conferma. In un rapporto emesso nel febbraio 2011, paventa forti tensioni tra Pakistan, Cina e India sulla gestione dei fiumi che interessano i tre Stati[17]. Intanto vari osservato-

[15] Ceres, "Hydraulic Fracturing & Water Stress: Water Demand by the Numbers", 5 febbraio 2014.

[16] P. Clark, "Water shortages more pressing than climate change, warns Nestlé head", *Financial Times*, 15 luglio 2014.

[17] US Senate, "Avoiding Water Wars: Water Scarcity and Central Asia's Growing Importance for Stability in Afghanistan and Pakistan", 22 febbraio 2011.

ri sostengono che Israele continua ad occupare le alture del Golan, strappate alla Siria nel 1967, per assicurarsi il controllo del monte Hermon da cui nasce il fiume Giordano.

Complice l'inquinamento, la crescita demografica e l'uso dissennato che ne abbiamo fatto, in molte regioni di acqua non ce n'è più per tutte le necessità. In altre parole bisogna scegliere se si vuole privilegiare l'industria, gli usi domestici o la produzione di cibo. La mancanza di acqua contribuisce anche a un colonialismo di ritorno noto come *land grabbing*, furto di terre.

Nell'aprile 2012, la regione di Gambela, Etiopia, è stata teatro di scontri e combattimenti contro la presenza della Saudi Star Agricultural Development Plc, una società posseduta da Mohamed Hussein Al Amoudi, cittadino dell'Arabia Saudita, 79° uomo più ricco del mondo secondo la graduatoria di Forbes. Attento ai segni dei tempi, Al Amoudi ha capito che l'affare del nuovo millennio è il cibo, perciò sta facendo razzia delle terre migliori in Africa per produrre derrate alimentari da esportare nei Paesi più ricchi non più autosufficienti a causa della penuria di acqua e terreni, come è il caso dell'Arabia Saudita.

In Etiopia, Al Amoudi ha scelto la regione di Gambela perché è una delle più fertili del Paese. Il governo gli ha concesso 10.000 ettari di terra per la produzione di riso e altre derrate per l'esportazione. Ma erano zone abitate, i residenti sono stati sgombrati con la forza. Si calcola che almeno un milione di persone siano state costrette a traferirsi altrove, tra resistenze e conflitti[18].

Tra il 2001 e il 2011, le terre occupate nel Sud del mondo da imprese estere hanno totalizzato 227 milioni di ettari[19], una superficie grande sette volte l'Italia, sfruttata non solo

[18] F. Hansia, "Saudi Star To Restart Rice Project on Disputed Anuak Lands in Ethiopia", 30 dicembre 2014, http://www.corpwatch.org.

[19] Oxfam, "Land and power", 22 settembre 2011.

per la produzione di cibo, ma anche di bioetanolo. Scelta folle di una civiltà che non conoscendo limiti nel consumo di energia, sacrifica il suo stesso cibo, mentre un miliardo di persone soffre la fame.

Nel suo libro *Pianeta pieno, piatti vuoti*, Lester Brown, uno dei maggiori esperti mondiali di alimentazione, sostiene che stiamo andando verso una scarsità di cibo anche a causa dell'erosione dei suoli dovuta a un eccesso di sfruttamento dei terreni. Lo stesso eccesso di sfruttamento che ci sta ponendo di fronte a un'altra drammatica situazione: lo svuotamento dei mari.

Nel 1930 tale Jake Miller, un fotografo che si trovava di passaggio nel golfo della California, scattò la foto di un bagnante che camminava su un branco di totoaba giunti fino a riva. Animale che può arrivare fino a due metri di lunghezza e un peso di cento chili, il totoaba vive esclusivamente nel golfo della California. A differenza delle altre specie marine, il totoaba ha bisogno almeno di cinque anni per raggiungere l'età della fecondità, circostanza fatale per la sua esistenza. Tra le due guerre la cucina cinese scoprì che col totoaba si può preparare una zuppa di consistenza gelatinosa di cui i cinesi vanno ghiotti. Il che provocò la pesca di milioni di esemplari rendendo il totoaba una specie in via di estinzione.

Il pesce prelevato dai mari è passato da 17 milioni di tonnellate nel 1950 a 80 milioni nel 2009[20]. Un aumento del 370% dovuto al fatto che l'industria della pesca oggi dispone di pescherecci che possono spingersi in mari sempre più profondi, starci più a lungo e pescare di più. Attraverso tecnologie sofisticate possono individuare dove si trovano i branchi e catturarli nella loro interezza. Veri e propri stabilimenti galleggianti, alcuni pescherecci sono dotati di impianti automatizzati di pulitura, impacchettamento e conge-

[20] Fao, "Review of the state of world marine fishery resources", 2011.

lamento. Certe tonnare possono catturare fino a tremila tonnellate di tonno nello stesso viaggio, più di quanto alcune nazioni riescono a pescare in un intero anno. Il peschereccio-fabbrica più grande del mondo si chiama Annelies Ilena, è lungo 144 metri e può portare fino a settemila tonnellate di pesce lavorato. E i risultati si vedono. Il 63% dei branchi marini sono pescati in quantitativi che mettono a rischio la disponibilità futura. Rispetto al 1960 abbiamo già perso il 99% delle anguille europee e il 95% del tonno del Pacifico[21].

La rivolta del pianeta

Oltre che dall'eccesso di pesca, alcune specie marine sono messe a rischio dai cambiamenti climatici. Un caso è quello della donzella delle Galapagos, un pesce verdognolo lungo una quindicina di centimetri. Ospite abituale dei mari del Sud, ai confini con l'Antartico, si presume che sia morto per fame. Il suo destino è stato segnato dal Niño, l'evento climatico del 1982-83 che provocò un afflusso di correnti calde verso i mari dell'estremo Sud. A risentirne fu soprattutto il plancton, che subì una brusca riduzione, con conseguenze fatali per le specie marine che si nutrono di esso.

Ci sono ancora persone che negano il cambiamento climatico, e se proprio sono costrette ad ammetterlo, affermano che non è colpa dell'uomo e in ogni caso fa bene all'ambiente. Ma si tratta di rari individui forzati a tenere certe posizioni più per mestiere che per convinzione. Uno di questi è Myron Ebell, che lavora per l'organizzazione statunitense Cei, Istituto per la concorrenza d'impresa, sostenuto da mul-

[21] http://www.greenpeace.org/international/en/campaigns/oceans/fit-for-the-future/overfishing/

tinazionali come Exxon Mobil, General Motors, Dow Chemical, IBM.

Senza essere scienziati, gli effetti dei cambiamenti climatici sono ormai sotto gli occhi di tutti. Lo testimoniano l'instabilità delle stagioni, le repentine escursioni termiche, ma soprattutto le piogge che si comportano sempre più come bombe d'acqua, che fanno straripare torrenti e fiumi. Gli scienziati lo avevano già previsto da tempo. L'Ipcc, *Intergovernmental panel on climate change*, un gruppo di lavoro istituito dalle Nazioni Unite che si avvale della collaborazione di migliaia di scienziati, ha ormai certificato che tra il 1880 e il 2012 c'è stato un aumento medio globale della temperatura di superficie di 0,85°. La maggior parte dell'incremento (0,6°C) si è registrato tra il 1980 e il 2010, facendo della nostra epoca il periodo più caldo dell'emisfero settentrionale da almeno 1400 anni[22]. Tra le conseguenze più gravi: lo scongelamento delle calotte polari, l'innalzamento dei mari, l'alterazione delle precipitazioni, la desertificazione.

Ciò che sfugge, è che perfino i ministeri della difesa si occupano di cambiamenti climatici. Il 14 agosto 2014, a Sydney, si è tenuto un incontro interministeriale al quale hanno partecipato esponenti militari e politici di Stati Uniti e Australia per discutere, tra l'altro, di rischi climatici da affrontare militarmente[23]. Del resto il Dipartimento della difesa statunitense produce periodicamente rapporti sui cambiamenti climatici. Quello emesso nel 2014 dice chiaramente che l'esercito deve «stare all'erta per valutare come i cambiamenti climatici possono aggravare situazioni di povertà, degrado ambientale, instabilità politica e tensioni sociali, capaci di innescare conflitti e instabilità dannosi per gli interessi degli Stati Uniti»[24].

[22] Ipcc, "Climate change 2014".

[23] Australian government, Joint communique Ausmin 2014.

[24] Department of defense, "2014 climate change adaptation roadmap".

Intanto vari organismi di consulenza militare si prodigano in consigli all'esercito statunitense. Il Cna, per esempio, ha suggerito di essere più presenti nell'Artico, perché a seguito dello scongelamento dei ghiacciai, diverrà un'area molto frequentata, persino un possibile punto di passaggio di terroristi. Il cambiamento climatico è stato perfino chiamato in causa come una delle ragioni che hanno permesso ad Al Qaida di radicarsi tra i Tuareg nel Mali[25].

A noi che non portiamo le stellette, i cambiamenti climatici interessano per i drammi umani che possono provocare. Già nel 1976 Lester Brown aveva coniato l'espressione "rifugiati climatici" a indicare tutti coloro che possono essere costretti ad abbandonare le proprie case per le conseguenze indotte dai cambiamenti climatici. Basti pensare che se la Groenlandia dovesse squagliarsi completamente, ci sarebbe un aumento del livello dei mari di oltre sei metri che sommergerebbe l'80% di tutte le città costiere. Una previsione dell'Environmental Justice Foundation parla di 150 milioni di rifugiati climatici entro il 2050[26]. Già nel 2013 sono stati contati 22 milioni di sfollati per disastri naturali[27].

Che i cambiamenti climatici produrranno gravi danni umani ed economici è ormai fuori di discussione. Come è fuori di discussione che noi abbiamo dato una bella mano immettendo nell'atmosfera quantità enormi di gas serra per avere bruciato quantità enormi di combustibili fossili. Ma, in tempo di crisi, il tema dei cambiamenti climatici è uscito dal dibattito pubblico e tutti vaneggiamo di crescita, dimenticando che una crescita del 3% all'anno significa il raddoppio della

[25] CNA Military Advisory Board, "National Security and the Accelerating Risks of Climate Change", maggio 2014.

[26] J. Vidal, "Global warming could create 150 million 'climate refugees' by 2050", *The guardian*, 3 novembre 2009.

[27] Norwegian Refugee Council, "Global estimates 2014, People displaced by disasters", settembre 2014.

nostra economia nel giro di 23 anni. Quindi il doppio di risorse consumate, di anidride carbonica, di rifiuti.

Sì, certo, nel nostro delirio vaneggiamo di crescita pulita. Anzi diciamo che utilizzeremo l'esigenza stessa di ripulire il pianeta come occasione per crescere. È la famosa *green economy*, chiusura perfetta del cerchio di quella stessa follia che invoca guerre e sciagure come strada per accrescere produzione e consumo.

Mentre noi, obesi e deformati, continuiamo a vaneggiare di mangiare ancora di più per accrescere i nostri cancri e i nostri lipomi, neghiamo a metà della popolazione umana le risorse e gli spazi ambientali necessari a raggiungere la dignità umana.

Non semplice taglio, ma nuovo modello

È arrivato il tempo di ammettere che viviamo in un pianeta dalle risorse contate e con una limitata capacità di tamponamento degli inquinanti. I cambiamenti climatici ci dicono che abbiamo addirittura oltrepassato la capacità di carico del pianeta. Per cui dobbiamo decidere cosa vogliamo fare.

Abbiamo due strade di fronte a noi. La prima, quella della prepotenza, che consiste nel decidere che noi, gli opulenti, non più di un miliardo di persone, in nome della nostra forza abbiamo il diritto di accaparrare tutte le risorse della terra lasciando che gli altri si arrangino. La seconda, quella dell'equità, che consiste nel riconoscere anche agli altri abitanti del pianeta il diritto di godere di una vita degna. Per cui accettiamo di rivedere il nostro modello di produzione e di consumo per lasciare anche a loro i giusti spazi di dignità.

Quanto sia mal distribuito il consumo tra le nazioni del mondo ce lo dice l'impronta ecologica, un concetto elaborato da alcuni ricercatori americani per valutare l'impatto dei nostri consumi sulla natura. Più precisamente, l'impronta ecologica misura la quantità di terra fertile utilizzata da ogni individuo per sostenere i propri consumi. Purtroppo noi abbiamo perso il contatto con la natura e abbiamo dimenticato che gran parte dei nostri consumi proviene dalla terra. L'esempio più evidente è il cibo. Ma anche la carta affonda le sue radici nella terra perché proviene dagli alberi. Perfino l'anidride carbonica, che esce dai nostri tubi di scappamento, può essere espressa in metri quadri di terra, perché è riciclata dalle piante. Per esempio, ogni volta che bruciamo un litro di benzina abbiamo bisogno dell'intervento di cinque metri quadrati di foresta.

Facendo tutti i conti, si scopre che ogni americano utilizza 7 ettari di terra fertile, mentre un bengalese 0,7. Gli italiani stanno nel mezzo con 4,7 ettari. Se prendiamo l'insieme delle terre fertili del mondo e le dividiamo per la popolazione terrestre, troviamo che ogni abitante può avere un'impronta di 1,8 ettari. Gran parte della popolazione terrestre sta sotto, ma poiché i benestanti sono largamente al di sopra, nel complesso l'impronta media mondiale è di 2,7 ettari che è il 50% più alta di quella ammissibile[28]. Non a caso l'anidride carbonica si sta accumulando nell'atmosfera, chiara dimostrazione che già oggi avremmo bisogno di un altro mezzo pianeta.

Naturalmente possiamo continuare a fare la scelta della prepotenza, ma facciamolo ad occhi aperti, consapevoli che tutto ha un prezzo. Il prezzo della prepotenza si chiama violenza e paura. Violenza perché l'unico modo per impossessarsi della roba altrui è la guerra. Paura perché l'ingiustizia produce rancore e disperazione. Quel rancore che spinge al terrorismo. Quella disperazione che spinge ad entrare clandestinamente nella fortezza dei benestanti non importa se co-

[28] www.footprintnetwork.org.

me schiavi, accattoni, prostitute, spacciatori o svaligiatori. Il mercato deciderà le sorti.

Tutto ciò è già realtà. Con la guerra in Iraq abbiamo riaperto la stagione del colonialismo vecchia maniera, quando si usavano le truppe di occupazione per mettere le mani sulle risorse strategiche. Siamo tornati alle armi per il petrolio, ma potremmo farlo per l'acqua, i mari, le terre. Con l'assottigliarsi delle risorse tutto può diventare prezioso, il bisogno di conquista potrebbe farsi così pressante da trasformarci in un popolo di soldati come succedeva al tempo di Roma. I figli dell'impero alla guerra, gli schiavi nei campi e nelle botteghe per produrre il cibo e le spade.

Dominazione militare oltre confine, potere poliziesco in patria per contenere terrorismo e malavita: impronte digitali, intercettazioni, fermi di polizia oltre misura, limitazioni di diritti e libertà per tutti i cittadini. Guerrieri oltre le mura, prigionieri dentro il castello: se la prospettiva di violenza e paura non ci piace non abbiamo che da fare un passo indietro per garantire un avvenire dignitoso agli altri popoli. Ma in concreto quali misure dovremmo adottare?

Per alcuni il problema è solo tecnologico. Basta adottare una diversa tecnologia per produrre energia da sole, vento e altre fonti rinnovabili invece che dai combustibili fossili. Una diversa tecnologia per ridurre il fabbisogno energetico costruendo case ben isolate, motori che evitano dispersioni, elettrodomestici più efficienti. Una diversa tecnologia per produrre oggetti più leggeri e recuperare ogni frazione di materie prime tramite circuiti produttivi chiusi e una diversa gestione dei rifiuti. Una diversa tecnologia per poter comunicare a distanza evitando gli spostamenti.

L'eco-efficienza è senz'altro una strada da battere, ma non serve a molto se contemporaneamente non percorriamo anche quella della sufficienza. Vale a poco fabbricare prodotti più leggeri, se poi se ne consumano di più. Lo aveva capito anche William Stanley Jevons, economista inglese di fine Ottocento. Il suo punto di osservazione erano le caldaie a vapore: la tecnologia migliorava, ogni anno se ne producevano di più efficienti, il consumo di carbone sarebbe dovuto diminuire e diminuiva infatti a livello di singola caldaia. Ma aumentava a livello di Paese perché sempre di più erano le caldaie in circolazione. È stato battezzato "effetto rimbalzo" o "paradosso di Jevons", ed è esattamente la situazione in cui ci troviamo oggi: riduzione di materiale per singolo prodotto, ma aumento a livello di sistema, a dimostrazione che senza un freno a produzione e consumi non andremo da nessuna parte.

Non possiamo prenderci in giro: l'unico modo per preservare le risorse è l'eco-efficienza associata a riduzione. Lo strumento fiscale e quello creditizio possono essere ottime leve per spingere imprese e cittadini in questa direzione. Per scoraggiare il consumo di combustibili fossili, in Svezia esiste la *carbon tax* già dal 1991. Ma dovremmo pensare anche alla *distance-tax* per scoraggiare il consumo di prodotti provenienti da lunghe distanze, alla *fish-tax*, alla *tree-tax*, alla *water-tax* per scoraggiare il consumo di risorse a lenta rinnovabilità come pesci, alberi, acqua.

Diciamocelo con tutta franchezza: il problema non sono gli strumenti. Il problema è la volontà. Ad oggi non è per niente accettata l'idea che dobbiamo passare dal consumismo alla preservazione, dall'economia della crescita all'economia del limite. E non perché non ci sia consapevolezza sulla crisi del pianeta, ma perché abbiamo la mente imbevuta di consumismo e abbiamo paura del nuovo. In noi è così radicata l'idea che di più fa sempre rima con meglio che non siamo neanche assaliti dal dubbio che non possa essere vero. Eppure avvertiamo tutti la stanchezza e l'affanno di una vita di corsa.

Ma le catene più forti che ci tengono ancorati alla crescita sono le paure sociali. Che si tratti di disoccupazione, di povertà, di assistenza sanitaria, la ricetta di questo sistema è sempre la crescita. L'assioma è che solo consumando di più si può sconfiggere la disoccupazione e solo producendo di più possono esserci abbastanza risorse per i servizi pubblici. Siamo nati e cresciuti in questo orizzonte. Non sappiamo immaginare altre formule economiche, la crescita è la nostra bandiera.

Eppure altri sistemi sono possibili. Sistemi che possono farci vivere meglio di come viviamo oggi pur producendo e consumando di meno, ma bisogna rivedere i nostri stili di vita; bisogna ripensare le nostri convinzioni più profonde rispetto a temi come felicità, benessere, lavoro. Bisogna ridefinire i nostri obiettivi umani, sociali, ambientali.

Ma soprattutto bisogna recuperare fiducia nella nostra capacità creativa, perché non si tratta semplicemente di accorciare un vestito, ma di farne uno nuovo. Di diversa foggia e modello. Un vestito su misura, che risulti comodo e caldo non solo per il fisico, ma anche per lo spirito.

Fuor di metafora, sappiamo che questo sistema, poco attento al pianeta e alle persone, non solo ha dato vita a sistemi produttivi e di consumo altamente dissipativi, ma ha anche espanso a dismisura beni e servizi lucrosi per le imprese, ma poco utili, addirittura dannosi per i cittadini. Nel contempo ha lasciato scoperti servizi essenziali di tipo pubblico a vantaggio di tutti. Dunque non si tratta di operare un semplice taglio lineare del Pil, ma di correggere le storture, rimodellando l'intero assetto produttivo, economico e sociale, talvolta riducendo, talvolta modificando, talvolta potenziando.

È certo, per esempio, che andrà ridotto il trasporto motorizzato privato, mentre andrà espanso quello collettivo. Come andrà ridotta la costruzione di nuovi edifici mentre si dovrà potenziare il recupero e il miglioramento del patrimonio edilizio esistente. E avanti di questo passo, fino a concludere che il tratto dominante della conversione che dobbiamo intraprendere non sarà la riduzione bensì la ristrutturazione finalizzata a tre grandi obiettivi: la tutela dell'ambiente e delle risorse, la garanzia delle sicurezze di base per tutti, la promozione di una qualità della vita che dia spazio a tutte le dimensioni della persona. Un traguardo possibile che però richiede un profondo ripensamento di molte categorie mentali e una radicale riorganizzazione della produzione, del consumo, della distribuzione dei ruoli tra pubblico e privato, della gestione del tempo e del territorio. Queste le sfide della nuova strada che ci attende.

PARTE SECONDA

LA NUOVA STRADA

4

La risposta del consumo responsabile

Da ingranaggi a granelli di sabbia

Il 15 dicembre 2008 per il macello di Conversano (Bari) fu giorno di lavoro supplementare. Da Taranto arrivarono più di mille pecore da abbattere e incenerire. La loro colpa: avevano pascolato per anni sui terreni circostanti l'acciaieria dell'Ilva e ora risultavano intossicate da diossina, e molti altri inquinanti. Quanto ai loro padroni, alcuni erano già morti per cancro.

Benché l'associazione Peacelink avesse denunciato l'effetto inquinante dell'Ilva già ad inizio anni 2000, i primi provvedimenti sono stati presi solo nel 2012 con il sequestro degli impianti da parte della magistratura e l'arresto di alcuni dirigenti aziendali e politici compiacenti. Troppo tardi. Nella perizia chimica commissionata dalla Procura della Repubblica di Taranto si legge che nell'anno 2010, dai camini dell'Ilva sono fuoriusciti «quattromila tonnellate di polveri, undicimila tonnellate di diossido di azoto, 11.300 tonnellate di anidride solforosa oltre a sette tonnellate di acido cloridrico, 1,3 tonnellate di benzene (altamente cancerogeno), 338,5 chili di IPA»[1].

[1] Dalle conclusioni della maxi perizia sull'Ilva di Taranto (R.G.N.R. N.938/10-4868/10).

I tarantini avrebbero potuto evitare i 210 chili di inquinanti a testa all'anno, se solo fossero state adottate le migliori tecnologie disponibili come prescritto dalle normative ambientali.

I danni peggiori sono stati subiti degli abitanti dei quartieri Tamburi, Paolo VI, Statte, costruiti a ridosso dello stabilimento. I loro balconi, la loro biancheria stesa, i loro davanzali, sono perennemente ricoperti da una patina di polvere nerastra. Il sindaco ha dovuto vietare ai bambini di giocare nelle aree verdi perché il terreno è contaminato da piombo, PCB, berillio, mercurio, nichel, cadmio. Per la stessa ragione non è possibile seppellire né disseppellire i morti nel cimitero.

Un'ecatombe. Varie indagini hanno appurato che a Taranto c'è un tasso di mortalità per tumore al polmone e altre malattie del sistema cardio-circolatorio, sensibilmente più elevato della media pugliese e nazionale. La mortalità infantile è maggiore del 21% rispetto alla media regionale. Il primario del reparto pediatria ha più volte fatto notare che a Taranto nascono bambini con forme di tumore al polmone normalmente riscontrabili in fumatori incalliti.

Di fronte a una tale aggressione nei confronti di persone e ambiente, tale da pregiudicare non solo il presente, ma anche il futuro, si pongono due forti esigenze: fermare il sistema e sostituirlo. Fermarlo, per impedirgli di continuare a procurare danni. Sostituirlo, per garantirci finalmente un avvenire sicuro. Due obiettivi che ci impongono di impegnarci contemporaneamente su due piani: quello della resistenza e della progettazione. La resistenza per bloccare; la progettazione per costruire l'alternativa.

Tuttavia, invece dell'azione spesso scatta l'apatia. Semplicemente perché ci sentiamo disarmati e impotenti. Cosa possiamo fare noi, così piccoli, di fronte a problemi tanto grandi, specie se i responsabili sono colossi come le multinazionali? Quando siamo assaliti da questo senso di impotenza, ricordiamoci, però, che nessun potere sta in piedi da solo. I sistemi stanno in piedi perché noi li sosteniamo attraverso i gesti del vivere quotidiano: il lavoro, il consumo, il risparmio, il pagamento delle tasse. Tutto funziona secondo l'ordine prestabilito perché ognuno di noi si adegua ai dettami del sistema. Girando tutti nella stessa direzione, ognuno di noi si comporta come un piccolo ingranaggio che consente alla mega macchina di funzionare in perfetto sincronismo. Per questo siamo tutti complici e non possiamo invocare la nostra posizione periferica per sminuire la nostra responsabilità.

Parlando dello stesso tema a proposito dei crimini di guerra, don Lorenzo Milani aveva detto: «Un delitto come quello di Hiroshima ha richiesto qualche migliaio di corresponsabili diretti: politici, scienziati, tecnici, operai, aviatori. Ognuno di essi ha tacitato la propria coscienza fingendo a se stesso che quella cifra andasse a denominatore. Un rimorso ridotto a millesimi non toglie il sonno all'uomo d'oggi. [...] C'è un modo solo per uscire da questa assurda situazione. Avere il coraggio di dire ai giovani che essi sono tutti sovrani, per cui l'obbedienza non è ormai più una virtù, ma la più subdola delle tentazioni, che non credano di potersene far scudo né davanti agli uomini né davanti a Dio, che bisogna che si sentano ognuno l'unico responsabile di tutto»[2].

L'antidoto all'impotenza, dunque, è il senso di responsabilità, non per tormentarsi, ma per agire, sapendo che se siamo così importanti da rispondere in solido col sistema dei suoi misfatti, allora siamo anche nella posizione di poterlo condizionare. Lavoro, consumo, risparmio, infatti, non sono accessori di cui il sistema può fare a meno. Sono i pilastri

[2] L. Milani, autodifesa inviata ai giudici il 18 ottobre 1965. Testo pubblicato lo stesso anno da Libreria editrice fiorentina (Firenze) col titolo: *L'obbedienza non è più una virtù*.

portanti della sua struttura, strumenti che possiamo usare per obbligarlo a cambiare rotta.

Varie esperienze hanno documentato quanto possa essere potente il ruolo dell'obiezione di consumo, dell'obiezione finanziaria, dell'obiezione fiscale. Quanto possano piegare la volontà, non solo delle imprese, ma addirittura degli Stati. È famosa la marcia del sale organizzata dal Mahatma Gandhi nell'aprile 1930 per sfidare la legge inglese che aveva dichiarato il sale monopolio della Corona al fine di spillare ricchezza agli indiani. Quanto alle imprese, è molto lunga la lista di multinazionali che hanno dovuto capitolare di fronte ad associazioni che hanno usato il consumo come arma di pressione a sostegno delle proprie rivendicazioni.

Tutte queste esperienze dimostrano che il potere è in una posizione di profonda dipendenza dalla volontà dei cittadini, tanto da aver indotto padre Zanotelli a paragonare il potere alla statua di Nabucodonosor. Le sue dimensioni erano così imponenti da incutere terrore nei sudditi, ma la leggenda narra anche che la statua aveva un difetto. Aveva i piedi di argilla, un materiale che esposto ai raggi del sole diventata duro come roccia, capace di sostenere un grande peso sopra di sé, ma se esposto all'acqua si trasforma in una poltiglia che fa crollare il peso che ci sta sopra. Noi siamo i piedi del sistema. Noi abbiamo il potere di decidere se trasformare quell'argilla in roccia o in fango. La trasformiamo in roccia se adottiamo come stile di vita il conformismo cieco. La trasformiamo in fango se pensiamo prima di agire e se scegliamo in base ai nostri valori. Ossia diciamo: «*No, non collaboro*» ogni volta che ci viene chiesto di compiere qualcosa che non condividiamo.

Se pensiamo prima di agire e se agiamo conformemente ai nostri valori, mettiamo il sistema in difficoltà anche se siamo soli a vivere la coerenza. Ogni persona che ha il coraggio di dire no, si trasforma da ingranaggio che facilita il movimento, in sabbia che lo inceppa. È un elemento di disturbo non solo per l'intoppo che crea, ma anche per l'onda di contagio che può mettere in moto. Chiunque si discosti dal comportamento dominante suscita una reazione in chi gli sta intorno. Qualcuno potrà deridere, qualcun altro potrà condannare. Ma qualcuno può farsi mettere in discussione fino a decidere di diventare lui stesso cittadino responsabile. È proprio la potenzialità di contagio, totalmente imprevedibile, che dà giustificazione politica alla coerenza, sempre e comunque.

La scoperta che la coerenza può essere una formidabile arma di pressione, fa anche assumere alla politica un significato più vasto. A scuola ci hanno insegnato che la politica si fa andando a votare ogni cinque anni. Nel mezzo, il niente. Ci hanno ingannato. La politica si fa ogni giorno, ogni momento della nostra esistenza. Al supermercato e in banca, sul posto di lavoro e nel tempo libero, in cucina e all'edicola. Scegliendo cosa leggere, da quale fonte informarsi, quale lavoro svolgere e quanto consumare.

Vivendo in maniera cosciente i gesti più minuti della nostra vita rafforziamo un modello economico sostenibile o di saccheggio, sosteniamo imprese responsabili o vampiresche, contribuiamo a costruire la democrazia o a demolirla, sosteniamo un'economia solidale e dei diritti o un'economia animalesca di sopraffazione reciproca. In effetti la società è il risultato di regole e comportamenti: se tutti ci comportassimo in maniera consapevole, responsabile, equa, solidale, sobria, non solo daremmo un altro volto al nostro mondo, ma obbligheremmo il sistema a cambiare le sue regole, perché nessun potere riesce a sopravvivere di fronte a una massa che pensa e che fa trionfare la coerenza sopra la codardia, l'impegno sopra il quieto vivere, l'equità sopra le piccole avidità.

Se volessimo ricapitolare tutti gli strumenti di condizionamento che abbiamo a disposizione, potremmo dire che sono tanti quante sono le funzioni che svolgiamo all'interno della società.

La prima funzione è quella classica di cittadini che votano, ma non dobbiamo neanche dimenticare l'arma della denuncia e l'invio di lettere ai centri di potere, per influire sulle loro decisioni.

Da un punto di vista storico, tuttavia, il primo strumento di intervento usato dalla gente è stato lo sciopero. Tutt'oggi è un'arma formidabile e se i lavoratori riuscissero a collegarsi a livello internazionale potrebbero condizionare le scelte economiche planetarie.

Ma oltre al lavoro, l'altra grande funzione economica che sembra giocare un ruolo determinante per il sistema, è il consumo. Su nessun altro aspetto della vita siamo così insistentemente e dispendiosamente guidati. In effetti il sistema è in una posizione di profonda dipendenza dal comportamento di noi consumatori e poiché ne ha tanta paura, fa di tutto per condizionarci. Lo sforzo che quindi dobbiamo fare, è di riappropriarci della nostra volontà decisionale e di rivalutare il potere che abbiamo tra le mani. Un potere che preso singolarmente è certamente piccolo, ma che moltiplicato per milioni di persone può mettere in ginocchio le più grosse multinazionali e al limite l'intero sistema.

Il problema, caso mai, è come organizzare queste forze disperse. La soluzione è convincerci che il consumo non può più essere trattato come un fatto privato, perché ogni volta che si compra qualcosa si corre il rischio di diventare complici involontari di situazioni di sfruttamento, di violazione di diritti umani, di degrado ambientale, di ingiustizia planetaria. L'alternativa è il consumo responsabile che si attua attraverso tre strategie: il consumo critico, il consumo alternativo, il consumo sostenibile.

Consumare in maniera critica significa cambiare criteri di acquisto. Generalmente scegliamo badando al prezzo, alla qualità, alla comodità, alla moda. In ogni caso l'attenzione è sempre puntata su noi stessi, sul nostro ombelico, mai un pensiero o una domanda sulla storia di ciò che compriamo, come se i prodotti piovessero direttamente dal cielo sugli scaffali dei supermercati. Consumare in maniera critica significa uscire da noi stessi, prendere consapevolezza che ogni prodotto ha una storia ambientale e sociale. Una storia che a volte può essere altamente indigeribile.

Prendiamo come esempio un iPhone, emblema della modernità tecnologica, ma espressione della più retrograda barbarie da un punto di vista etico. Il suo primo problema si chiama coltan, il minerale, anzi la combinazione di minerali, columbite e tantalite, essenziali per il buon funzionamento dei microchip che stanno alla base della rivoluzione informatica.

Il 60% del coltan utilizzato a livello mondiale proviene dalla Repubblica Democratica del Congo. Più precisamente dal Kivu, una regione a ridosso del Ruanda e del Burundi, in parte bagnata dal lago Tanganica. Una zona di grandi bellezze naturali, ma diventata famosa per i suoi scombinati conflitti. Decine di gruppi armati si contendono il controllo del territorio. Quali al servizio di capi locali particolarmente ambiziosi, quali al servizio di potenze straniere, ma tutti con lo stesso obiettivo: controllare le immense ricchezze minerarie che la regione contiene. In particolare il coltan. Ed ecco la popolazione ovunque terrorizzata e costretta a lavorare nelle miniere, per estrarre i minerali che la banda militare occupante venderà ai trafficanti specializzati nell'esportazione di contrabbando. Dalla regione esce coltan e rientrano armi. Perché i proventi della vendita del minerale servono proprio a questo: a pagare soldati e armi che tengono in piedi i gruppi armati.

Non di rado i lavoratori sono bambini che grazie ai loro corpi esili entrano meglio nelle strette buche da cui si estraggono le pietre che contengono il coltan. I loro salari non arrivano al dollaro al giorno, sempre che non si tratti di piccoli schiavi comprati o rapiti alle loro famiglie.

Tutti conoscono le condizioni di violenza e di illegalità in cui si estrae e si commercializza il coltan, ma pochi parlano per non compromettere gli interessi degli affaristi che si collocano nei diversi punti della filiera: gruppi paramilitari, trafficanti locali, multinazionali della metallurgia e dell'elettronica, organizzazioni criminali internazionali.

Solitamente il minerale estratto in Congo è esportato di contrabbando in Ruanda, Uganda, Kenya, dove è caricato su aerei diretti alle imprese metallurgiche europee. Anni addietro le Nazioni Unite accertarono la consegna di 75 tonnellate di coltan alla ditta tedesca Masingiro GmbH, con probabile destinazione finale lo stabilimento della H.C. Starck, filiale di Bayer, leader mondiale del settore[3].

Altre volte il minerale è trasportato nei porti di Tanzania e Kenya con destinazione Malesia, Indonesia, Tailandia, Cina. Dopo un passaggio negli stabilimenti di raffinazione, i metalli estratti sono poi avviati al variegato mondo dell'industria informatica i cui protagonisti sono Samsung, Intel, Microsoft, Motorola, Sony, IBM, Apple.

Consumare in maniera critica significa informarsi di queste storie e comunicare alle imprese coinvolte che noi i loro prodotti non li compriamo perché non vogliamo macchiarci di questi crimini. Sapendo che così facendo non mettiamo solo a posto la nostra coscienza, ma diamo una mano a far

[3] Ipis, "Supporting the war economy in the DRC, European companies in the coltan trade", 2002.

cambiare le cose. Perché consumare in maniera critica è come votare ogni volta che facciamo la spesa. Votiamo sul comportamento delle imprese, premiando quelle che si comportano bene e punendo le altre. Alla lunga le imprese capiscono quali sono i comportamenti graditi dai consumatori e vi si adeguano instaurando tra loro una nuova forma di concorrenza, non più basata sulle caratteristiche estetiche ed economiche dei prodotti, ma sulle scelte sociali e ambientali.

In Inghilterra esiste una rivista intitolata *Ethical consumer*, che ogni mese esce con notizie sui retroscena sociali e ambientali di questo o quel prodotto. In Italia non abbiamo un servizio analogo, ma lo potremmo organizzare, fondando un'associazione di consumatori responsabili o chiedendo alle associazioni con sensibilità sociale e ambientale già esistenti di mettere insieme le loro energie per fornire il servizio. Del resto l'esperienza del Centro Nuovo Modello di Sviluppo, promotore del consumo critico in Italia, mostra che è possibile fare ricerca sulle imprese. Sono famose le sue guide al consumo critico, non solo sui prodotti della spesa quotidiana, ma anche sul vestiario, sulle banche, sulla telefonia, addirittura sui mass media. Ma il Centro è troppo debole per proseguire il cammino da solo. Gli serve sostegno, altrimenti sarà costretto a chiudere questa attività. Chiunque vuole scongiurare questo pericolo prenda contatto col Centro inviando un messaggio a coord@cnms.it, scrivendo nell'oggetto «Non chiudete».

Creare ciò che non c'è

Al supermercato non sempre è possibile trovare la giusta risposta alle esigenze sociali e ambientali. Ma se ci organizziamo, l'alternativa la possiamo creare da soli. In Olanda, per esempio, per iniziativa di Waag society, una fondazione che si occupa di tecnologia sociale, nel 2013 è partito il progetto *fairphone* che si pone l'obiettivo di fornire cellulari ottenuti in condizioni socialmente accettabili.

La funzione degli organizzatori è solo di regia. Prima hanno analizzato tutta la filiera, dalle miniere fino all'assemblaggio, per individuare la presenza di imprese che offrano garanzie di correttezza sociale e ambientale. Dopo di che si sono organizzati per fare viaggiare i semi lavorati da un'impresa all'altra affinché ciascuna realizzi il proprio pezzo di produzione. Il tutto in grande trasparenza. Sul loro sito, www.fairphone.com, è pubblicata la lista completa delle decine di fornitori a cui si rivolgono per ogni singolo passaggio: da essa si apprende che il tantalio proviene dal Congo nell'ambito del progetto "*Solutions for hope*", soluzioni per la speranza, coordinato dal governo olandese in collaborazione con Motorola e altri partner. I microchip, ottenuti con i minerali controllati, provengono da imprese collocate negli Stati Uniti e Taiwan. Il design è invece olandese, mentre l'assemblaggio è eseguito in Cina. Per ogni fase sono descritti i criteri utilizzati per la scelta delle imprese, le garanzie richieste e i controlli effettuati.

L'organizzazione si avvale di 31 persone che studiano, viaggiano, prendono accordi, controllano. In un anno hanno venduto oltre trentamila smartphone con buone prospettive di ampliamento. E non costano neanche più di quelli che si trovano nei negozi: 315 euro. Per di più garantiscono i pezzi di ricambio e la ripresa in carico dell'oggetto quando sarà andato fuori uso.

Fairphone nasce non a caso in Olanda, che è anche la patria del commercio equo e solidale, prima iniziativa di attività commerciale alternativa nata dal basso con finalità sociali e ambientali. Il gruppo promotore si chiamava Sos ed era nato nel 1959 nella cittadina di Kerkrade con lo scopo di rispondere, giustappunto, agli S.O.S. lanciati dagli emarginati, dagli sfruttati, dagli impoveriti. Per qualche anno il gruppo si limitò a iniziative di solidarietà diretta in Europa e ciò lo portò a collaborare anche con Danilo Dolci in Sicilia. Poi avviò dei progetti in America Latina dove inviò anche dei volontari. Fu attraverso di essi che il gruppo entrò in contatto con la grave realtà dei contadini che producevano caffè e che cominciò a porsi l'interrogativo di cosa fare per risolvere la loro situazione.

Rendendosi conto di non poter cambiare i meccanismi del commercio internazionale, decise di concentrarsi su quei contadini con cui era entrato in contatto per offrire, almeno a loro, una prospettiva diversa. La soluzione era che Sos comprasse il caffè dei contadini a prezzi dignitosi.

Così, dopo aver creato in Olanda una cooperativa di importazione e avere aiutato i contadini a darsi una struttura per l'esportazione, Sos fece partire questa nuova avventura commerciale che salta l'intermediazione delle multinazionali e che si ispira ai principi di equità e di solidarietà. Per questo è stato battezzato "commercio equo e solidale".

Da quel lontano 1967, quando in Olanda quel gruppo di bravi ragazzi fondò la prima cooperativa di importazione, il commercio equo e solidale ne ha fatta di strada. L'esempio olandese è stato replicato in una ventina di altri Paesi facendo nascere importanti strutture di importazione fra cui la tedesca Gepa e l'inglese Fairtrade. Anche in Italia il commercio equo è una realtà affermata grazie all'attività di varie cooperative di importazione su cui spicca Altromercato. Generalmente esse si limitano a importare, mentre la vendita al dettaglio avviene tramite particolari punti vendita definiti "Botteghe del Mondo" (circa 500) gestiti da gruppi locali, cooperative o associazioni. Ciò non di meno, oggi i prodotti del commercio equo si trovano anche in molti supermercati come Coop, Esselunga, Carrefour.

Un'altra iniziativa interessante di consumo alternativo è quella dei Gruppi di acquisto solidale, in sigla Gas, che consistono in gruppi di famiglie organizzate tra loro per effettuare gli acquisti direttamente presso i piccoli produttori locali con lo scopo di potenziare il consumo locale e sperimentare nuove relazioni economiche.

Il primo Gas nasce nel 1994 a Fidenza, in provincia di Parma, per iniziativa di alcune famiglie, critiche verso il consumismo, lo spreco, la devastazione dell'ambiente, il poco rispetto per le persone. Sapevano di non avere la forza per fare cambiare il sistema, ma erano altrettanto convinte che la coerenza può essere un grande motore di cambiamento. Pensando al cibo, venne spontanea la scelta biologica, per mantenersi in salute e sostenere un'agricoltura rispettosa della natura. Il primo istinto fu di rifornirsi dai negozi biologici, ma i prezzi erano alti e non tutti potevano permetterseli. Allora qualcuno fece notare che in zona esistevano dei produttori biologici e che si poteva risparmiare comprando direttamente da loro con ordinazioni collettive. I produttori contattati si dimostrarono interessati e l'iniziativa prese il via in maniera molto spontanea. Le funzioni da svolgere erano molte e venne deciso di impegnare a rotazione ognuno con un compito specifico: chi a raccogliere gli ordini, chi a ritirare la merce presso i produttori, chi a consegnarla, chi a raccogliere i pagamenti. Tutto in forma rigorosamente gratuita. Per questo il gruppo è definito solidale.

Dopo un decennio di radicamento, c'è stato un boom dei gruppi di acquisto fino a contarne più di 700, che fanno parlare di sé non solo per la formula commerciale originale, ma anche per il rapporto nuovo con i fornitori. Non di rado gli aderenti ai gruppi rendono visita ai produttori, si interessano ai loro problemi, discutono le tecniche produttive, si confrontano sulle visioni della vita. In altre parole instaurano un rapporto di amicizia che sfocia in più trasparenza, più etica della produzione e, a volte, in forme di collaborazione originali.

Per esempio può succedere che nei momenti di maggior lavoro, i produttori chiedano ai membri del Gas di dare una mano nelle attività più semplici, in cambio di prodotti gratuiti o di sconti sui prezzi.

Sull'onda dei Gas sono nati anche i Gap, gruppi di acquisto popolari, con lo scopo di garantire alle fasce più deboli generi di prima necessità a prezzo ribassato. Un'iniziativa che è stata ripresa anche in Grecia con l'esplodere della crisi. A Katerini, città vicina a Tessalonica, per eliminare gli intermediari tra produttori e consumatori è nato il "movimento della patata". A coordinarlo è Christos Kamenides, professore di marketing agricolo. Gli acquirenti compilano gli ordini e Kamenides contatta gli agricoltori: in pochi mesi sono state vendute 25 tonnellate di patate prenotate da 534 famiglie che hanno risparmiato fino al 70%. Quanto ai produttori, oltre alla soddisfazione di avere dato una mano a famiglie in difficoltà, hanno avuto il vantaggio di intascare subito i soldi, senza attendere i tempi dei grossisti.

Oltre che consumatori siamo anche risparmiatori e da decenni le persone più attente hanno creato canali di risparmio alternativi al sistema bancario affinché i propri risparmi servano a fare crescere iniziative economiche e sociali improntate a solidarietà, equità, sostenibilità. Le prime esperienze risalgono agli anni Ottanta tramite particolari cooperative denominate Mag, Mutua autogestione. Poi il cambio del quadro normativo rese difficile proseguire con quel tipo di esperienza e maturò l'idea di aprire una vera e propria banca. La cosa non era semplice: le regole di Banca d'Italia imponevano un capitale minimo di oltre sei milioni di euro, ma il movimento che nacque attorno all'iniziativa fu talmente ampio che il traguardo venne raggiunto in poco tempo. Nel marzo 1999 Banca Etica inizia la sua attività con diciassettemila soci e 24 dipendenti. Nel 2014 i soci sono diventati 37mila, il capitale sociale è salito a quasi 50 milioni di euro, i dipendenti sono 210. Il risparmio raccolto ormai sfiora il miliardo di euro utilizzato per finanziare ottomila progetti appartenenti a quattro grandi settori: servizi sociali e sanitari (32%), arte, cultura, qualità della vita e sport (27%), prima casa e altre spese familiari (11%); cooperazione internazionale, ambiente e "profit responsabile" (10%)[4].

In definitiva, il consumo e il risparmio alternativo sono altri due strumenti formidabili a disposizione del cittadino per condizionare le imprese. Il principio su cui si basano è quello della sottrazione. Tolgono terreno sotto ai piedi delle imprese tradizionali che reagiscono sempre quando si accorgono di perdere clienti. Di fronte alla constatazione che un numero crescente di cittadini si rivolge altrove, si chiedono perché e pur di non perderli prendono in considerazione l'ipotesi di cambiare i propri comportamenti.

Il che dimostra che i processi di cambiamento passano non solo per rivoluzione, ma anche per sostituzione. È la strategia del nuovo che soppianta il vecchio. Il feudalesimo non è tramontato per una rivoluzione contro i feudatari, ma perché qualcuno ha cominciato a uscire dal castello e a fondare i borghi. Resistere e desistere: due forme di lotta per il cambiamento che non vanno viste in alternativa, ma complementari tra loro. Vanno promosse entrambe. Poi sarà la storia a dirci quale ha avuto il ruolo più decisivo.

Sulle ali della sobrietà

Scegliere in base alla storia dei prodotti e al comportamento delle imprese è una forma importante di consumo responsabile. Ma ancora non basta. In un mondo dalle risorse for-

[4] Altis – Università Cattolica del Sacro Cuore, "L'impatto sociale di Banca etica, 15 anni di finanza al servizio del bene comune", 2014.

temente compromesse e una gran quantità di persone che non ha ancora conosciuto il gusto della dignità umana, si pone anche un problema di quantità. Il 12% della popolazione mondiale che vive in Nord America ed Europa occidentale si aggiudica il 60% di tutti i consumi privati mondiali, mentre un terzo della popolazione mondiale che vive nell'Asia meridionale e nell'Africa sub sahariana partecipa al banchetto con un mero 3,2%. Parola del Worldwatch Institute.

Volendo usare un'immagine pittoresca, potremmo rappresentare il mondo come un pianeta abitato da un manipolo di grassoni che convive con un esercito di scheletrici. Loro, gli scheletrici, hanno bisogno di recuperare peso, ma non potranno farlo finché noi, i grassoni, non accettiamo di sottoporci a cura dimagrante perché c'è competizione per le risorse scarse. Il pianeta Terra non tiene il passo con i nostri ritmi di consumo perfino nell'ambito dei prodotti rinnovabili: consumiamo pesce a una velocità superiore del 30% alla capacità di rigenerazione dei mari, tagliamo più foreste di quante ne ripiantiamo, consumiamo più prodotti agricoli di quanti ne raccogliamo. Gli inglesi lo hanno battezzato *overshoot day*, il giorno del sorpasso, nel 2014 è caduto il 20 agosto. Quel giorno la nostra voracità ha superato la capacità di rigenerazione della Terra. Finiti i frutti, abbiamo chiuso l'anno a spese del "capitale naturale": invece che vitelli abbiamo cominciato ad abbattere mucche, invece che pesci figli, abbiamo mangiato pesci madre, invece che raccolti agricoli, abbiamo consumato i semi. Di questo passo tra il 2030 e il 2040 avremo bisogno di due pianeti solo per le risorse rinnovabili.

Un tempo si pensava di poter fare giustizia portando tutti gli abitanti del pianeta al nostro tenore di vita. Sogniamo un mondo in cui tutte le famiglie abbiano una lavatrice, un frigorifero, un televisore e magari anche una piccola utilitaria che li attende fuori di casa. Ma quel sogno è semplicemente impossibile perché il pianeta Terra non ha risorse sufficienti.

Qualcuno ha calcolato che se volessimo portare tutti gli abitanti del pianeta al livello di consumo degli statunitensi ci vorrebbero quattro pianeti. Noi non abbiamo tre pianeti di scorta, con questo unico pianeta dobbiamo raggiungere due obiettivi fondamentali: lasciare ai nostri figli una Terra vivibile e consentire agli impoveriti di uscire rapidamente dalla loro miseria. L'unico modo per farcela è che i ricchi si convertano alla sobrietà, a uno stile di vita, personale e collettivo, più parsimonioso, più pulito, più lento, più inserito nei cicli naturali.

Dover ridurre i nostri consumi ci spaventa: temiamo il ritorno a una vita di stenti. Ma sobrietà non significa rinuncia al necessario, piuttosto è la capacità di liberarsi dalla schiavitù dell'inutile e del superfluo. Sobrietà è innanzi tutto recupero di sovranità, è la capacità di affrancarci dai condizionamenti pubblicitari per tornare a decidere noi, con la nostra testa, cosa ci serve davvero. Ogni volta che stiamo per mettere qualcosa nel carrello della spesa, chiediamoci se ne abbiamo davvero bisogno. Chiediamoci se abbiamo davvero bisogno di inseguire tutte le novità tecnologiche. Se abbiamo bisogno di guardaroba stracolmi che ogni tanto dobbiamo svuotare per far posto a nuovi vestiti con lo stesso destino. Se abbiamo bisogno di ingolfare il frigo con cibo che va a male prima che riusciamo a consumarlo. Se abbiamo bisogno di riempirci la dispensa di bevande inutili e ingrassanti.

Chiedersi se ne abbiamo davvero bisogno è il primo passo della sobrietà. E nel caso la risposta sia affermativa, se si tratta di un bene durevole non precipitiamoci a comprarlo nuovo. Prima facciamo un giro tra parenti e amici per verificare se loro hanno ciò che a noi serve e che a loro non serve più. In altre parole, rivalutiamo il prestito e l'usato. Dal che si conclude che la sobrietà ci chiede di liberarci non solo dalla schiavitù dell'inutile, ma anche dalla schiavitù del possesso. Spesso è proprio la compulsione al possesso che alimenta lo spreco di materiali tramite acquisti di beni sottoutilizzati. Per esempio le automobili andrebbero piuttosto chiamate "auto immobili" perché gran parte del tempo se ne stanno ferme per strada intasando la circolazione e trasformando gli spazi pubblici in un grande parcheggio.

Il nostro è un popolo piuttosto attaccato alla proprietà delle cose, ma dovremmo capire che il nostro interesse non è possedere la lavatrice, l'automobile, o i libri, ma soddisfare il bisogno di pulizia, di mobilità, di lettura. Se entrassimo in questa logica scopriremmo altre modalità di soddisfacimento dei nostri bisogni che consentirebbero un notevole risparmio di materiali. Una via è la condivisione, l'uso dei beni in comune. Un tipico esempio è il trasporto pubblico, ma esistono molti altri campi di applicazione, sia gratuiti sia a pagamento. Può essere la lavatrice a gettoni, l'adesione a un gruppo di condivisione dell'auto, l'acquisto di attrezzi in comune a livello di condominio, l'allestimento di biblioteche di quartiere.

Se sobrietà significa capacità di soddisfare i nostri bisogni evitando lo spreco allora dobbiamo privilegiare il locale sul globale. Accorciando la distanza tra luogo di produzione e di consumo utilizziamo meno energia ed emettiamo meno anidride carbonica. Dobbiamo evitare di produrre rifiuti eliminando ciò che non ci serve e facendo attenzione agli imballaggi. Dobbiamo eliminare prodotti inutili come l'acqua in bottiglia e privilegiare le confezioni leggere, i contenitori riutilizzabili, i materiali riciclabili. Dobbiamo riparare tutto il riparabile per allungare la vita agli oggetti Dobbiamo rivedere le nostri abitudini alimentari privilegiando i prodotti vegetali perché sono quelli che fanno meglio alla salute e che hanno un minor impatto sulla natura. Consumare carne oltre i nostri bisogni di crescita e di riparazione dei tessuti è un assurdo da un punto di vista energetico. Ci vogliono sette calorie vegetali per produrre una caloria animale. Oggi il 35%

dei cereali è dato in pasto agli animali da macello, mentre quasi un miliardo di persone soffre la fame. Per non parlare dell'acqua. Ci vogliono 15 tonnellate di acqua per produrre un chilo di carne. Ogni volta che mangiamo una fettina di un etto è come se ingurgitassimo una botte di una tonnellata e mezzo di acqua.

In conclusione la sobrietà passa attraverso piccole scelte come quella di utilizzare meno auto più bicicletta, meno mezzo privato più mezzo pubblico, meno carne più legumi, meno prodotti globalizzati più prodotti locali, meno merendine confezionate più panini fatti in casa, meno cibi surgelati più prodotti di stagione, meno acqua imbottigliata più acqua del rubinetto, meno cibi precotti più tempo in cucina, meno recipienti a perdere più prodotti alla spina, meno pasti ingrassanti più correttezza alimentare.

Una prospettiva tutt'altro che tenebrosa, ma che richiede un altro rapporto con la ricchezza. Quasi un secolo fa Gandhi scriveva: «Il ricco possiede molte cose superflue, di cui non ha bisogno, che poi sciupa e spreca, mentre milioni di persone muoiono di fame perché non possono mangiare. Se ognuno si accontentasse di ciò di cui ha bisogno, non mancherebbe niente a nessuno. [...] La civiltà, nel vero senso della parola, non consiste nella moltiplicazione dei bisogni, ma nella capacità di ridurli volontariamente, deliberatamente»[5].

Ed eccoci arrivati al nocciolo della questione: noi non troveremo la misura nei consumi finché non riusciremo a guardare all'avere con distanza e ciò non avverrà finché non avremo riempito il nostro cuore e la nostra mente con altri principi ed altri valori di riferimento.

[5] M.K.Gandhi, "From Yeravda Mandir", Ashram Observances, 1986.

5

Dal benavere al benvivere

Il consumo di tempo

In Italia esiste una campagna denominata "Bilanci di giustizia", con lo scopo di promuove il consumo responsabile. Il suo atto di fondazione risale al 19 settembre 1993, in occasione del quinto raduno organizzato a Verona da "Beati i Costruttori di Pace", per annunciare la necessità di un'altra economia e per proporre una strategia concreta di cambiamento. Partendo dalla constatazione che l'ingiustizia e il degrado ambientale passano inevitabilmente attraverso i nostri consumi, i Beati proposero alle famiglie di adottare uno stile di vita più equo e sostenibile. Nel contempo misero a punto una metodologia che ha il doppio scopo di valutare i risultati raggiunti dalla campagna e di aiutare le famiglie a percorrere un cammino di cambiamento. Lo strumento è il *bilancio di giustizia* che consiste in una contabilità familiare adottata non per conoscere l'ammontare totale delle spese o altre curiosità merceologiche, ma per verificare la propria capacità di compiere scelte di acquisto rispettose dell'ambiente e della giustizia.

L'esperienza di "Bilanci di giustizia" ci dice che la sobrietà è non solo possibile, ma addirittura conveniente. Per il portafoglio, prima di tutto, perché eliminando le spese inutili alla fine si ottiene un risparmio che la campagna propone di utilizzare per fare crescere forme di finanza alternativa come Banca Etica, o per finanziare progetti di cooperazione nel Sud del mondo.

La convenienza più interessante però è per la qualità della vita, perché la sobrietà ci fa recuperare tempo. Un giorno, in risposta a un giornalista che lo incalzava sulla necessità di consumare, Pepe Mujica, presidente dell'Uruguay dal 2010 al 2015, disse: «Quando compri credi di farlo col denaro, ma ti sbagli. Non si compra con i soldi, ma col tempo che abbiamo usato per guadagnare quel denaro. In altre parole quando si consuma si paga con la vita che se ne va»[1].

Usando come metro di misura il tempo invece del denaro, si scopre che se uno guadagna dieci euro netti all'ora, deve impiegare una settimana della propria vita per comprare un televisore al plasma del valore di 400 euro. Una settimana e mezzo per un iPhone del valore di 600 euro. Addirittura dieci mesi per acquistare un auto di media cilindrata del valore di 15mila euro.

E parlando di auto, l'acquisto è solo l'inizio. Per viaggiarci serve l'assicurazione, tasse di circolazione e naturalmente il carburante. Secondo uno studio condotto nel 2006 dalla Fondazione Caracciolo, mediamente l'auto assorbe 4.000 euro all'anno[2], pari a 400 ore di un lavoratore con salario medio-basso. Se ci aggiungiamo il tempo passato nel traffico, quello che serve per cercare un parcheggio e per la manutenzione, l'automobile assorbe ogni anno un migliaio di ore della nostra vita. Se facciamo lo stesso calcolo per tutti gli altri beni ci accorgiamo che viviamo per consumare. Teniamo a mente che di media ogni casa dispone di 10.000 oggetti, con-

[1] Intervista di J. Évole, maggio 2014.

[2] Fondazione Caracciolo, "Mia carissima automobile", 2006.

tro i 236 che erano in uso presso gli indiani Navajos[3]. Per ognuno di essi dobbiamo lavorare, recarci al supermercato, sceglierlo, fare la coda alla cassa. Una volta a casa, dobbiamo pulirli, spolverarli, sistemarli. Se consideriamo tutto, il superconsumo è un lavoro forzato che ci succhia la vita.

Il che spiega perché nelle società opulente abbiamo la ricchezza, ma abbiamo perso la felicità. Questo sistema si sforza di convincerci che l'unica cosa che conta è l'avere. Non passa giorno senza che i telegiornali ci riportino dichiarazioni di politici, sindacalisti, uomini d'affari che richiamano la necessità della crescita. Ancora più pervasivi sono i messaggi che osannano la ricchezza. Lo sfarzo dei ricchi è oggetto di lunghi spettacoli televisivi. Il lusso è il tema dominante della cartellonistica pubblicitaria che ormai ci perseguita in tutti gli spazi aperti: per strada, nelle stazioni, negli aeroporti. Il perseguimento del successo è l'invito martellante che riceviamo ogni attimo della nostra vita: in famiglia, a scuola, al lavoro. Il risultato è che cresciamo con l'ammirazione per la ricchezza e la convinzione che il benessere si configura con l'abbondanza. Nel nostro immaginario benessere è sinonimo di agiatezza, confort, denaro, lusso. In televisione i ricchi sono sempre sorridenti, soddisfatti, realizzati, appagati. Ed ecco il corto circuito: ricchezza uguale felicità. Ma già nel 1968, Richard Nixon, che pure era espressione del capitalismo più spinto, pose agli americani una domanda inquietante: «Tra venti anni saremo più ricchi, ma saremo più felici?».

Il paradosso della felicità

Il quesito stuzzicò la curiosità di alcuni accademici che vollero verificare con metodi scientifici se la ricchezza con-

[3] Wuppertal Institut, "Futuro sostenibile", 1997.

duce veramente alla felicità. Tra essi Richard Easterlin, classe 1926, che dopo essere diventato ingegnere approdò all'economia tramite l'arte e la filosofia. Appassionato di aspetti demografici, a inizio anni Settanta effettuò una ricerca per capire se c'è davvero correlazione tra felicità e ricchezza. Mettendo insieme dati provenienti da questionari e rilevazioni effettuati in varie parti del mondo, nel 1974 presentò i risultati della sua ricerca tramite un documento intitolato "La crescita economica aumenta la felicità umana?"[4]. Le conclusioni infransero un mito. Se da una parte si confermava che la ricchezza influisce sulla felicità, dall'altra si affermava che ricchezza e felicità non procedono di pari passo. Solo fino a un certo punto avanzano uniti, poi si separano. La felicità si ferma anche se la ricchezza continua la sua corsa.

Il fenomeno venne definito "paradosso di Easterlin" e alcuni ricercatori continuarono a studiarlo fino a indicare parametri più precisi. In uno studio pubblicato nel 2003, Richard Layard, economista della London School of Economics, sostiene che ricchezza e felicità procedono assieme fino a 15.000 dollari pro capite all'anno. Dopo di che la felicità rimane piatta[5]. Tant'è che negli Stati Uniti, pur essendoci stata, dal 1960 al 2012 una triplicazione del reddito pro capite, il livello di felicità è rimasto lo stesso[6].

Vari studiosi hanno cercato una spiegazione al paradosso della felicità partendo da angolazioni diverse. Un gruppo si è concentrato sui desideri, su quei bisogni, cioè, che si sviluppano più per stimolo e condizionamento esterno che per bisogno innato. Scelte dettate dalla moda, dal culto della bellezza, dalla grandiosità, dall'invidia. Tibor Scitovsky, un economista americano, ha spiegato che il piacere legato a queste forme di consumo è fugace, dura il momento della novità,

[4] R. Easterlin, "Does Economic Growth Improve the Human Lot?", 1974.
[5] R. Layard, "Happiness: has social science a clue?", 5 marzo 2003.
[6] J. Helliwell e altri, "World happiness report", 2012.

poi subentra l'adattamento e quindi la noia[7]. Considerato che la pubblicità ci bombarda dalla mattina alla sera con proposte di consumo che fanno leva sul piacere fugace, alla fine non è la felicità che prevale, ma la noia. Per assurdo, più si compra, più ci circondiamo di cose che ci annoiano, che ci danno uggia. Così la crescita lavora per l'infelicità.

Il fenomeno dell'adattamento è un meccanismo che si instaura anche in ambito farmacologico. Dai tossicodipendenti è conosciuto col termine di assuefazione. Nel tempo, la stessa quantità di droga non procura più gli effetti desiderati e per provare lo sballo bisogna aumentare la dose. Come consumatori ci comportiamo nella stessa maniera: per provare nuovo piacere puntiamo su nuovi prodotti, spesso più costosi. Per cui viviamo in una condizione di frustrazione permanente. Appena entrati in possesso dell'oggetto bramato, già siamo insoddisfatti pensando al nuovo che è stato sfornato. Trionfo del mercato, che per vendere ha bisogno di consumatori perennemente insoddisfatti, morte della persona che inseguendo una lepre sempre pronta allo scatto si infila in un'altra trappola che conduce all'infelicità anche per un'altra via, se vogliamo ancora più grave. La via della corrosione del tempo.

Abbiamo viaggiato nell'equivoco che la felicità dipende dalla ricchezza, abbiamo sacrificato tutto il nostro tempo sul suo altare. Ci si affanna, si corre, si maledice il tempo che scappa. Otto ore di lavoro non bastano più, è necessario fare lo straordinario. Le ore passate fuori casa crescono, non c'è più tempo per noi, per il rapporto di coppia, per la cura dei figli, per la vita sociale. Bisogna andare di fretta. Dove rimane il tempo per le altre dimensioni del vivere umano?

Una ricerca condotta in Inghilterra nel 2010 su 4000 famiglie ha rivelato che il tempo medio passato insieme da tut-

[7] T. Scitovsky, *L'economia senza gioia*, Città Nuova, Roma 2007.

ti i componenti di casa, non va oltre 50 minuti al giorno[8]. In altre parole le famiglie non sono neanche più delle pensioni, bensì dei non luoghi, delle stazioni di transito nelle quali ci si saluta con la manina. Il che dimostra che la grande vittima della nostra vita di corsa sono le relazioni che quasi non esistono più.

«Per molto tempo abbiamo creduto di essere soggetti solitari e autonomi», spiega John Cacioppo, direttore del Center for Cognitive and Social Neuroscience all'Università di Chicago, «in realtà siamo nati per tessere relazioni con altri esseri umani»[9]. Ecco dunque la seconda radice dell'infelicità nella società della crescita: relazioni umane insufficienti, fugaci, transitorie. Società liquida, così la definisce Zygmunt Bauman, noto sociologo di fama mondiale. Una società dai legami fragili, instabili, frettolosi in continua composizione e scomposizione proprio come le molecole d'acqua. Rapporti interpersonali consumati come gelati, una leccata e via. Esplode la comunicazione via cellulare, i messaggi sms inondano l'etere nell'illusione che la quantità possa compensare la qualità. Ma in ambito umano la logica dell'usa e getta non funziona, il malessere affiora. Ogni volta in forma diversa come se privilegiasse il linguaggio in codice: depressione, anoressia, bulimia, alcolismo, tossicodipendenza, aggressività.

Secondo una ricerca condotta in Inghilterra nel 2010, il 42% degli intervistati ha dichiarato di avere vissuto momenti di depressione a causa della solitudine[10]. In Italia oltre 11 milioni di persone fanno uso di ansiolitici, antidepressivi e psicofarmaci[11]. Ogni anno muoiono 40.000 persone per cau-

[8] "49 minutes: the time each day the average family spends together", *The Independent*, 30 maggio 2010.

[9] J. Cacioppo, Lectio magistralis tenuta in 26 ottobre 2009 presso Palazzo ducale di Genova, nell'ambito del Festival della scienza.

[10] Mental Health Foundation, "The lonely society?", 2010.

[11] "Psicofarmaci, oltre 11 milioni di italiani li usano contro stress e depressione", *Il fatto quotidiano*, 14 febbraio 2014.

se collegate all'alcol. Il 4,2% della popolazione adulta ha fatto uso, almeno una volta, di cocaina, mentre la percentuale di coloro che hanno assunto cannabis almeno una volta è del 21,7%[12]. Segni tangibili di un profondo malessere di chi non dà spazio alle relazioni umane e affettive.

Perfino il bullismo è un prodotto della lacerazione e non è con i giovani che dovremmo indignarci per il loro sadismo, ma con noi stessi: per la nostra latitanza, la nostra distrazione, la nostra noncuranza. Il nostro non dedicare abbastanza tempo ai figli, il nostro non saper leggere i segnali di disagio che mandano, il nostro lasciarli troppo soli in balia di messaggi autoritari e aggressivi trasmessi da televisione, cinema, videogiochi. Il nostro essere modelli negativi.

Nel giugno 2008 fece scalpore la notizia di una ragazzina di dodici anni che a scuola si ritirava in bagno per farsi degli autoscatti, dei selfie a seno nudo e altre posizioni osé. Non per narcisismo, bensì per commercio sessuale. Copiando atteggiamenti sexy, visti in televisione, inviava le sue immagini provocanti ai compagni di classe, che pur di riceverle erano disposti a pagare. Cinque, dieci euro. Un commercio che la ragazzina aveva messo in atto al solo scopo di potersi comprare magliette, pantaloni e altri capi d'abbigliamento firmati da poter sfoggiare tra le proprie amiche. Intervistato sul caso, il commento dello psichiatra Paolo Crepet fu categorico: «È solo l'ennesimo caso di solitudine e di crisi vissuto dagli adolescenti. Non possiamo dare la colpa ai dodicenni se danno più valore alla moda che alla loro dignità: è il mondo degli adulti a essere andato in corto circuito».

[12] Osservatorio europeo delle droghe e delle tossicodipendenze, "Relazione europea sulla droga 2013".

Fretta, tentazione consumistica, onnipresenza televisiva, case fatte per camminarsi sulla testa, strade trasformate in scoli di traffico, tutto sembra organizzato per produrre stress e solitudine. Pura coincidenza o piano preordinato? Probabilmente né l'uno, né l'altro: solo disinteresse per ciò che non serve agli affari.

Fossero stati prodotti vendibili, l'amore, l'amicizia, l'ascolto, la solidarietà, sarebbero stati coltivati, protetti, potenziati. Invece sono gesti gratuiti, attenzioni date senza aspettarsi niente in cambio. Doni al pari dell'aria, della pioggia, del vento, dell'alba, del tramonto, perciò senza valore perché nel mondo dei mercanti vale solo ciò che procura denaro. Per questo sono stati ignorati, calpestati, piegati alle esigenze del contenimento dei costi, del guadagno, della produzione, della tecnologia, della velocità, della speculazione. L'essere umano ridotto a tubo digerente con la bocca sempre ben spalancata per ingurgitare tutto quello che la pubblicità offre e uno sfintere anale bello largo per espellere tutti i rifiuti che si producono durante il transito. Un budello di collegamento tra supermercato e fogna, a questo siamo stati ridotti.

Abbiamo tollerato fin troppo l'insulto, ora dobbiamo ribellarci, gridare in faccia ai mercanti che non siamo ammassi di carne da stimolare elettricamente come le rane. Dobbiamo riaffermare la nostra dignità di persone, esseri a più dimensioni. Non solo corpo, ma anche sfera affettiva, intellettuale, spirituale, sociale. Si ha vero benessere solo se tutte queste dimensioni sono soddisfatte in maniera armonica, permettendo a ognuna di avere la sua giusta realizzazione.

Un modo per promuovere il cambiamento parte dal linguaggio, perché lingua e pensiero si influenzano a vicenda. Una parola che racchiude un concetto sbagliato educa la comunità che la usa a pensare in maniera sbagliata. Sotto accu-

sa è la parola “benessere”. Di per sé è una bella parola perché
fa riferimento all’essere che implicitamente comprende tutte
le dimensioni. Ma essere significa anche “esistere” da cui de-
riva “esistenza”, che ha assunto anche il significato di “condizione di vita” intesa come “livello di reddito”. Espressioni
come “esistenza agiata”, “esistenza grama” dimostrano che
l’attenzione si è concentrata sempre più sulla ricchezza, trasformando il termine “benessere” in sinonimo di “benavere”.
Dopo secoli di uso improprio, è impensabile fare recuperare
il significato originario a una bella parola storpiata da interessi economici. Meglio disfarsene per interrompere il malinteso.

La proposta è sostituirla con un termine in uso presso le
popolazioni indie delle Ande. Un’espressione che ha il vantaggio di non prendere come riferimento l’individuo, ma la
vita. È la parola “bcnvivcrc” chc i popoli dcll’Ecuador c dcl-
la Bolivia hanno addirittura inserito in Costituzione. Ci sono
parole che rappresentano un mondo, racchiudono la filosofia
di un popolo, la sua visione cosmica, i suoi valori. In lingua
aymara, popolo della Bolivia, “benvivere” si dice *suma qamaña*, dove *suma* significa “pienezza, eccellenza, totalità” e
qamaña significa “abitare, vivere, dimorare”, ma anche “ospitare”, perché la vita è accoglienza. Perciò la traduzione potrebbe essere “vivere con pienezza”, che comprende non solo la dimensione fisica, ma anche quella psichica, sociale,
spirituale, ambientale. Una pienezza che si raggiunge solo se
si è sostenuti dagli altri e si ha una buona vita di relazione
con gli altri, non solo con i membri della comunità, ma anche
con madre terra che ci nutre e ci sostiene. In definitiva, “benvivere” è sinonimo di equilibrio; è la capacità di creare armonia in tre direzioni: con se stessi, con gli altri, con la natura.

Vivere in armonia con se stessi significa non solo condurre una buona vita fisica, ma anche saper entrare in rapporto

con se stessi, con la propria coscienza, con i propri sentimenti. Vivere in armonia con gli altri significa mantenere forti relazioni e forti legami solidaristici, sapendo che non possiamo vivere soli e che possiamo stare bene singolarmente solo se stiamo bene collettivamente. Evo Morales, presidente della Bolivia, ha precisato che benvivere significa "saper convivere sostenendosi a vicenda". Infine, vivere in armonia con l'ambiente significa saperlo rispettare e curare, sapendo che la nostra vita è possibile solo grazie alla generosità della natura, della *Pachamama*, come la chiamano gli indios, che ci mette a disposizione tutto ciò che ci serve per i nostri bisogni: l'aria per respirare, l'acqua per bere e lavarci, il cibo per nutrirci, il legname per costruirci una casa, i minerali per fabbricare tutti gli altri oggetti utili alla nostra esistenza.

In conclusione, il benvivere è l'antitesi della visione mercantilista. È la visione solidaristica contrapposta a quella individualista, la visione del dono contrapposta a quella della vendita, la visione del valore sociale contrapposta a quella dell'interesse privato, la visione del bene comune contrapposta a quella del predominio personale. Due pianeti distanti anni luce che devono incontrarsi per il bene dell'umanità.

Non quanto, ma come

Lentamente anche nella nostra parte di mondo sta cominciando a farsi strada l'idea che il benessere è qualcosa di più della sola ricchezza che si misura col Pil. Nel gennaio 2008 Nicholas Sarkozy, allora presidente della Francia, incaricò Joseph Stiglitz, economista americano con compiti prestigiosi in varie istituzioni internazionali, di presiedere una commissione che mettesse a punto nuovi criteri di valutazione del benessere. Il rapporto, che venne presentato qualche mese più tardi, insisteva sulla necessità di smettere di concentrarsi su quanto si produce per volgere l'attenzione alla qualità della vita. Ossia allo stato dell'ambiente, alla salute, alla soddisfazione personale e sociale, alla tranquillità economica, al senso di sicurezza, alla capacità di partecipazione. Tutti aspetti che vanno nella direzione del benvivere, ben sapendo che per vivere bene non servono barili di petrolio, ma altre visioni e tanta fantasia organizzativa.

Per cominciare serve un'altra idea di persona. Non solo corpo, ma anche sfera affettiva, intellettuale, spirituale, sociale. Si ha vera vita beata solo se tutte queste dimensioni sono soddisfatte in maniera armonica. Non una che prevale sull'altra, ma ognuna soddisfatta nella giusta misura. A ogni dimensione il suo tempo, il suo spazio, la sua corretta qualità. E non crediamo che possa funzionare il goffo tentativo di compensare il tempo sottratto ai figli tornando a casa con un giocattolo. Pretendere di colmare le esigenze affettive con beni materiali, è come cercare di calmare la sete mangiando prosciutto.

Contemporaneamente, serve un'altra idea di natura. Nei tempi passati anche in Occidente avevamo venerazione per madre terra, ma a partire dal Cinquecento l'attenzione si è concentrata sulla nostra intelligenza. Scoprendoci capaci di inventare macchine, produrre manufatti, comporre nuovi materiali, ci siamo montati la testa fino a sentirci padroni del mondo. E se prima concepivamo la natura come una realtà nella quale inserirci rispettando i suoi ritmi e i suoi cicli, a un tratto abbiamo pensato di poterla soggiogare per costringerla ad adattarsi alla nostra idea di progresso che rincorre il mito della tecnologia, della velocità, della crescita. Così la natura è stata squarciata, depredata, contaminata, cementificata. Ma lungo questa strada ci sarà solo distruzione.

Se cambiamo la nostra idea di persona e la nostra idea di natura, automaticamente cambieremo anche la nostra idea di felicità e quindi la nostra idea di economia e di stile di vita. Oggi che identifichiamo la felicità con l'abbondanza di cose e di appuntamenti, ci siamo convinti che il nostro obiettivo deve essere quello di avere sempre di più e correre sempre più veloci. Ma non è vero che "di più" fa sempre rima con "meglio" o che crescita si associa sempre a sviluppo. Nella corsa perdiamo le relazioni, addirittura ci facciamo nemici degli altri, perennemente visti come concorrenti che, se arrivano prima di noi, si prendono tutto loro. Nella bramosia dell'avere, aggrediamo sempre più la natura, non importa se poi si rivolta contro di noi.

Alex Langer ci aveva indicato l'alternativa in un discorso che tenne il 1° di agosto 1994 ai Colloqui di Dobbiaco: «Sinora si è agito all'insegna del motto olimpico *citius, altius, fortius* (più veloce, più alto, più forte), che meglio di ogni altra sintesi rappresenta la quintessenza dello spirito della nostra civiltà, dove l'agonismo e la competizione non sono la nobilitazione sportiva di occasioni di festa, bensì la norma quotidiana e omnipervasiva. Se non si radica una concezione alternativa che potremmo forse sintetizzare, al contrario, in *lentius*, *profundius*, *suavius* (più lento, più profondo, più dolce), e se non si cerca in quella prospettiva il nuovo benessere, nessun singolo provvedimento, per quanto razionale, sarà al riparo dall'essere ostinatamente osteggiato, eluso o semplicemente disatteso»[13].

Alex Langer, al pari degli indios sostenitori del benvivere, ci dice che per ritrovare la felicità dobbiamo passare dall'economia della quantità all'economia della qualità, dall'economia della sopraffazione all'economia della tenerezza, dall'economia del *quanto* all'economia del *come*. Il problema, allora, non è quanto produciamo, ma come ci organizziamo. Perché dall'organizzazione dipende la qualità della nostra vita.

La prima cosa da fare per vivere meglio è ripartire diversamente il nostro tempo. Non possiamo permettere che sia

[13] A. Langer, "Colloqui di Dobbiaco", 1 agosto 1994.

sequestrato tutto dal lavoro per il guadagno. Al contrario dobbiamo lasciarne per noi, per la famiglia, per la vita sociale. Non è pensabile che le famiglie possano funzionare senza la presenza di qualcuno che se ne prenda cura. Se tutti se ne vanno, ne soffrono i rapporti di coppia, i figli, gli anziani non autosufficienti. Perciò bisogna organizzare le cose in modo da permettere ai due partner di avere il tempo per dedicarsi equamente alle cure familiari, senza trascurare gli spazi da dedicare all'informazione e alla partecipazione, così determinanti per la vita democratica.

Dobbiamo rivedere il nostro modo di organizzare l'abitare in modo da favorire l'incontro e la collaborazione tra vicini di casa. Dobbiamo rivedere l'assetto urbanistico delle città in modo da garantirci spazi verdi, strade e piazze conviviali, una mobilità sostenibile.

Dobbiamo organizzare diversamente i trasporti in modo da poter soddisfare l'esigenza di mobilità riducendo il consumo di energia e la produzione di inquinanti. Dobbiamo organizzare diversamente il modo di produrre energia, di consumare e trattare i rifiuti in modo da ridurre gli sprechi e trasformare i rifiuti in ricchezza.

Dobbiamo organizzare diversamente la produzione di beni e servizi per garantire la piena inclusione lavorativa e garantire a tutti i bisogni fondamentali. Dobbiamo rivedere il sistema fiscale e la protezione sociale in modo da garantire maggiore equità.

Ma per riuscire in tutto questo dobbiamo cambiare angolatura, passare dalla prospettiva dei mercanti a quella della persona, dalla logica degli affari a quella del bene comune. Perché solo cambiando mentalità possiamo capire quali sono le catene culturali che ci tengono ancorati al vecchio che ci trascina verso l'abisso e cosa cambiare per costruire il nuovo che ci garantisce la vita.

6

Tre perni al posto di uno

La trappola del lavoro

L'assurdo della situazione è che in cuor nostro siamo tutti convinti che avremmo convenienza a rallentare, a consumare di meno. C'è però un tarlo, un dubbio inquietante, che ci induce ad allontanare da noi ogni ipotesi di riduzione, quasi fosse un peccato. Il problema è che viviamo in un sistema che ha creato un legame indissolubile tra lavoro e consumi. Per cui ogni volta che parliamo di riduzione, non possiamo fare a meno di porci una domanda angosciante: «Se consumiamo di meno, che ne sarà dei nostri posti di lavoro?». La risposta che ci diamo è catastrofica. Disoccupazione, miseria, fallimenti, sono i destini che intravediamo e presi dallo spavento facciamo marcia indietro dicendoci che salvaguardia ambientale e qualità della vita sono lussi che non possiamo permetterci. Reazione legittima di chi sa che solo se le aziende vendono c'è qualche speranza di lavoro, altrimenti scatta il licenziamento. Dobbiamo chiederci, però, se accettare supinamente questo stato di cose o cercare una via d'uscita.

È ovvio che dobbiamo reagire, ma per farlo dobbiamo mettere bene a fuoco il problema cominciando a ricostruire le ragioni della nostra angoscia. Se venisse un marziano sulla Terra potrebbe dire di essere approdato su un pianeta dove la gente se non fatica si butta dal balcone. Il nostro linguaggio lo trarrebbe in inganno: "lavoro" viene da *labor* che significa fatica. Altri popoli usano termini dalle origini ancora più tenebrose. Tipica la parola travaglio, in uso presso molte lingue e dialetti. Proviene da *tripalium*, nome attribuito a un antico strumento di tortura ottenuto da tre pali incrociati.

Noi però sappiamo che non vogliamo lavorare per faticare. Non c'è la fila di persone che chiede di andare a spargere il catrame per strada. I lavori faticosi non li vogliamo più fare, li lasciamo volentieri agli immigrati. Per noi vogliamo lavori puliti e di concetto: al computer, con telefono e scrivania tutta per noi. Il che avvalora la tesi di chi afferma che vogliamo lavorare per realizzarci. Ma i giovani neolaureati non fanno i salti di gioia quando ricevono come uniche offerte di impiego dei posti come stagisti. Per cominciare si adattano, ma poi, o scatta l'assunzione o se ne vanno anche se si tratta del lavoro più appassionante del mondo.

La verità è che si scrive "lavoro" ma si pronuncia "salario". I soldi: ecco cosa ci interessa davvero. E non perché siamo degli avidi, ma perché viviamo in un sistema che ci offre l'acquisto come unica via per provvedere a noi stessi. Al supermercato è perfino piacevole fare la spesa. È una soddisfazione passare tra tutte quelle scaffalature piene di ogni mercanzia e poter buttare nel carrello ciò che ci piace. Solo che poi bisogna passare dalla cassiera e lì arrivano i dolori: se hai i soldi per pagare, la merce passa, altrimenti torna sugli scaffali.

In un mondo dove anche per bere un bicchier d'acqua o per fare pipì bisogna pagare, i soldi sono diventati l'esigenza numero uno. Per chi ha un bel conto in banca e può guadagnare giocando in borsa, i soldi non sono un problema, ma noi comuni mortali, che quando va bene possiamo dirci proprietari di un appartamento e un'automobile, non abbiamo che un modo per procurarci quegli stramaledetti denari che ci servono per vivere: vendere il nostro lavoro, ossia il nostro tempo. Così ci siamo trasformati in mendicanti di lavoro che aspirano alla sottomissione invece che alla libertà.

Siamo così abituati a considerarci merce, che non ci scandalizziamo neanche più quando parlano di noi come mercato del lavoro. Un'espressione che ricorda tanto il mercato delle vacche se non addirittura quello degli schiavi. Ma così è: nel mondo dei mercanti non esistono né persone né affetti, né gioie né dolori. Esistono solo dei prezzi determinati dalla legge della domanda e dell'offerta. E noi siamo comparse di quello scenario.

Il passaggio da persone libere a salariati non è stato indolore. I nostri antenati non volevano abbandonare la condizione di persone capaci di provvedere da sole ai propri bisogni. Per obbligarci ad accettare di lavorare sotto un padrone in cambio di un salario fissato da lui, prima ci hanno ridotto allo stato di nullatenenti, poi ci hanno indicato la fabbrica come unica strada da imboccare per sbarcare il lunario. La Gran Bretagna è stata un caso di scuola.

Fin dall'antichità, in gran parte d'Europa era stata tramandata l'abitudine di escludere dalla proprietà privata immensi appezzamenti di terreno agricolo e boschivo per lasciarli ad uso comune. Si chiamavano *commons*, ed erano gestiti in modo da assicurare a ogni famiglia un pezzo di terra su cui costruire la casa e disporre di un piccolo orto, mentre il resto era a disposizione di tutti per la coltivazione di cereali, il pascolo degli animali, la raccolta della legna. Un sistema dettato dal buon senso per permettere a chiunque di poter disporre almeno del minimo vitale. Ma a partire dal Quattrocento, le famiglie nobiliari inglesi usarono vari pretesti per privatizzare quote crescenti di terre comuni. Un fenomeno che prese il nome di *enclosure*, "recinzione", e che raggiunse il suo apice tra il 1750 e il 1870 quando quattromila provvedimenti parlamentari trasformarono sette milioni di acri, un sesto della regione d'Inghilterra, da terre comuni a terre private.

Erano gli anni della prima rivoluzione industriale. Le nuove invenzioni stimolavano la concentrazione della produzione in appositi stabilimenti, chiamati fabbriche, dove tutto era organizzato attorno alle macchine. Serviva mano d'opera per tirare avanti quei luoghi, ma la gente non ci andava volentieri. Le paghe erano da fame per dodici-quindici ore al giorno, spesso sette giorni su sette. I ritmi troppo veloci rispetto a quelli agricoli e gli ambienti sporchi, umidi, rumorosi. L'aria satura di polveri esponeva a malattie respiratorie, mentre macchine senza protezioni si ingoiavano mani e braccia senza pietà.

Non si sa se per piano preordinato o per semplice coinci denza, ma è un fatto che la privatizzazione delle terre aiutò gli imprenditori inglesi a risolvere il problema della penuria di mano d'opera. Le *enclosure* avevano estromesso dalle loro case migliaia di famiglie che non avevano altra scelta se non quella di cercare fortuna nelle nascenti aree industriali. Con somma soddisfazione dei nuovi padroni industriali che con tanta mano d'opera a disposizione potevano imporre salari bassissimi. Basti dire che nel giro di un secolo, dal 1776 al 1866, la popolazione delle città inglesi passò da un milione e 750 mila a dodici milioni e mezzo di abitanti[1].

Contemporaneamente l'accattonaggio e il vagabondaggio vennero considerati reati. Sotto Edoardo VI, re d'Inghilterra del XVI secolo, il vagabondo era marchiato a fuoco con una "V" sul petto e messo al lavoro in catene. In altri casi poteva essere ridotto in schiavitù con una "S" marchiata in fronte[2].

[1] J. G. Williamson, *Coping with city growth during the British industrial revolution*, Cambridge University Press, Cambridge1990.

[2] K. Marx, *Il capitale*, libro I, cap. XXVIII.

La legislazione vigente in Inghilterra, Francia, Prussia nel XIX secolo prevedeva che i vagabondi venissero frustati e condannati a periodi di lavoro più o meno lunghi in case di lavoro penale. Imposto l'assioma "senza lavoro uguale delinquente", la laboriosità si afferma come valore, come condizione di inclusione sociale: solo il buon lavoratore può essere annoverato tra le persone per bene, tutti gli altri sono nemici della società. Classico esempio di come si forgiano orgogli e pregiudizi all'insegna dell'interesse economico.

Dopo due secoli di dominio mercantile ci siamo adattati. Ci siamo convinti che l'unica forma di sopravvivenza possibile sia il lavoro salariato al servizio delle imprese private. Ci siamo convinti che le uniche strutture capaci di creare lavoro sono le imprese per il mercato. La convinzione è diventata così profonda da farci credere che solo rimanendo ancorati a quel carro potremo avere un avvenire radioso. Invece molti segnali ci dicono che questo sistema non solo non è per noi, ma ci si sta portando tutti verso l'abisso. Per cui faremmo bene a scendere in fretta e costruire un'alternativa.

Politiche immediate per il lavoro

Per completezza di ragionamento va precisato che il nesso causa-effetto tra consumi e occupazione è certo, ma solo a senso unico. Quando i consumi scendono, di sicuro scende anche l'occupazione, ma nel caso di crescita non è scontata la ricaduta positiva sull'occupazione. Il problema è la tecnologia, che può addirittura far diminuire l'occupazione nonostante la crescita dei consumi e del Pil.

L'esperienza italiana conferma la scarsa relazione tra crescita e posti di lavoro. Nel 1965, in Italia avevamo 360 miliardi di euro di Pil, venti milioni di occupati e una popolazione pari a 51 milioni di abitanti: il tasso di occupati in rapporto alla popolazione era del 39%. Nel 2013 abbiamo avùto un Pil di 1100 miliardi (+205%) e un numero di occupati pari a 22,5 milioni di persone (+ 12,5%), ma il tasso di occupati in rapporto alla popolazione è sceso al 37% perché nel frattempo la popolazione è salita a 60,7 milioni di abitanti[3].

Nonostante la mancanza di evidenze certe, imprenditori, politici, editorialisti, perfino sindacalisti, continuano a dirci che la soluzione dei nostri mali è la crescita, che però non viene da sola. La strada per raggiungerla è la competitività, la disponibilità a buttare giù le mutande per indurre le imprese a correrci dietro.

Questa è la politica perseguita in Italia da oltre trent'anni con l'unico obiettivo di ottenere un aumento del Pil, prima ancora che per creare occupazione, per aumentare la ricchezza da mettere a disposizione dello Stato affinché possa ono rare i suoi debiti. L'interesse finanziario preminente rispetto all'interesse sociale. E siccome viviamo in un'economia globale, per ottenere la crescita bisogna creare le condizioni affinché gli investitori presenti in Italia non scappino e anzi ne arrivino di nuovi, magari cinesi o sud coreani, non per produrre ciò che serve agli italiani, ma per competere nel grande mercato globale. E come fare per spronare i capitalisti, quei pochi che ancora investono in attività produttive, a investire da noi invece che in Polonia o in Ungheria? Garantendo un contesto allettante: basse tassc, bassc rcgolc ambientali, mano d'opera facilmente licenziabile. Di qui la riduzione dei diritti per i lavoratori, le agevolazioni fiscali per le imprese, l'abbattimento di regole in nome della semplificazione. Logica disarmante di chi prima ha messo in libertà il capitale

[3] Il prodotto lordo dei due anni è espresso a prezzi costanti prendendo come base l'anno 1995. La ricostruzione è avvenuta prendendo a riferimenti vari siti universitari. I numeri relativi al numero degli occupati e alla popolazione proviene da serie storiche dell'Istat e della Banca d'Italia.

globale, permettendogli di seminare il terrore, poi è costretto ad adeguarsi ai suoi diktat per avere salva la vita.

Ma è un'illusione. Questa strada porterà solo alla distruzione dei diritti, dell'ambiente e alla fine del sistema stesso perché continuando a ridurre la massa salariale e la capacità di spesa dello Stato, la domanda sarà sempre più bassa. Di conseguenza la produzione invece di crescere si contrarrà.

Dobbiamo metterci in testa che questo sistema non creerà nuovo lavoro e non devono trarci in inganno i segnali positivi in questa o quella parte di mondo. Avvengono solo a detrimento di altri Paesi. Dunque se vogliamo trovare delle soluzioni, è altrove che dobbiamo guardare, avendo ben chiaro che la disoccupazione europea è figlia di due grandi fenomeni: la globalizzazione e l'austerità. Il tutto aggravato da una moneta unica pensata per punire i governi e i Paesi più deboli. Ed è inutile girarci intorno: finché non affronteremo questi nodi, ogni altra strategia contribuirà a spogliarci sempre di più dei nostri diritti e a farci stritolare dalla grande macchina della competizione globale.

Per rompere l'assedio, dovremmo opporci alla stesura di qualsiasi nuovo trattato internazionale perché, lo sappiamo, il loro obiettivo è accrescere il dominio delle multinazionali e inserirci sempre di più in un contesto di concorrenza selvaggia che aggrava la nostra disoccupazione. Dovremmo far funzionare l'Europa su nuove regole orientate a fare trionfare i diritti e a colmare le differenze tra Paesi forti e Paesi deboli. Dovremmo ripensare il governo dell'Euro in modo da metterlo al servizio della piena occupazione e dei servizi pubblici. Dovremmo avere il coraggio di far pagare il debito pubblico ai più forti, ossia ai creditori e ai più ricchi, tramite l'autoriduzione degli interessi e l'innalzamento delle tasse sui grandi redditi e i grandi patrimoni. Dovremmo usare i soldi liberati dal pagamento del debito pubblico per assumere subito milioni di persone alle dirette dipendenze di Comuni,

Stato, Regioni, da impiegare per la messa in sicurezza del territorio, per il recupero degli edifici pubblici, per il rafforzamento dei servizi di base.

Concentrarsi sulle sicurezze

Trovare delle soluzioni immediate al problema del lavoro è una questione vitale, ma dopo aver cercato di garantirci la sopravvivenza, dobbiamo chiederci se è da persone normali preoccuparci per il lavoro. L'umanità ha sempre vissuto il lavoro come un giogo da cui liberarsi. Solo all'ingresso dei campi di concentramento stava scritto *Arbeit macht frei*, il lavoro rende liberi, ma sappiamo che era un modo per aggiungere beffa all'offesa. Il progresso è lavorare poco, se noi perseguiamo l'obiettivo opposto è perché viviamo in un'economia malata, depravata, squilibrata. Ma quando si vive accanto a persone disturbate la cosa giusta da fare non è adattarsi alla loro patologia, bensì aiutarle a ritrovare l'equilibrio.

Nel caso del lavoro, ritrovare l'equilibrio significa aver chiaro che il lavoro non è un fine, ma un mezzo, talvolta anche piuttosto sgradevole. Il fine è poter vivere dignitosamente, possibilmente lavorando poco perché meno lavoro significa più libertà. È possibile? Sì, ma bisogna ridurre la dipendenza dal denaro e dal mercato come ci indicano varie esperienze di altri tempi e altri luoghi.

Volgendo lo sguardo al passato, scopriamo che per i prìncipi il lavoro non era certo una preoccupazione. Per loro era un'attività degradante, una fatica di cui liberarsi. Preferivano spendere il loro tempo per studiare, dipingere, andare a cavallo. Venendo al presente scopriamo che non se ne danno pensiero neanche gli indios della foresta Amazzonica. Nella loro lingua la parola *lavoro* non esiste. Il tempo è fatto per ridere, parlare, coccolarsi, fare festa. Poi, certo, se serve una capanna la si costruisce. Quando il cibo è finito si va a caccia. Ma non gli si dedica né un minuto di più, né un minuto di meno.

Rimane da chiedersi perché i prìncipi e gli indios, pur essendo così diversi e distanti tra loro, hanno maturato lo stesso atteggiamento di noncuranza verso il lavoro. La risposta è che il lavoro è un falso problema; il vero problema sono le sicurezze: il mangiare, il bere, il vestire, la salute. I prìncipi le avevano in virtù del loro privilegio sociale. Gli indios le hanno in virtù della solidarietà tribale e della fortuna di trovarsi immersi in una natura piena di frutti e di cacciagione. Chi non le ha siamo noi, cittadini del mondo opulento. Non le abbiamo perché siamo stati privati di tutto e l'unico modo per garantirci ciò che ci serve è comprarlo al supermercato. Ma per comprare ci serve il denaro e poiché non abbiamo altri modi per procurarcelo se non vendendo il nostro tempo, cerchiamo il lavoro con ossessione.

Di colpo il lavoro ha smesso di essere un mezzo ed è diventato un fine. Un fine ossessivo, che ci ha reso tutti paladini del consumo perché solo se il mercato assorbe tutto ciò che viene prodotto abbiamo qualche possibilità di conservare il nostro posto di lavoro. E poiché ne vogliamo uno anche per i nostri figli ci auguriamo che le famiglie si indebitino affinché i consumi siano spinti sempre più in alto. Non importa se pane o plastica, biciclette o camper, sandali o attrezzatura da sub. Non importa se prodotti utili o inutili, salutari o nocivi, indispensabili o superflui. Non importa se ad alto o a basso impatto ambientale. L'importante è che si compri. Il consumo come valore sociale, un dovere collettivo per il bene di tutti.

L'unico modo per uscire dal ricatto mercantile e dalla trappola consumistica, che ormai non ci premiano neanche più, è il recupero di autonomia. Un obiettivo che si raggiunge smettendo di pensare al lavoro e concentrandoci sulle sicurezze, quelle concrete. Tanto per dire, se vivessimo in un sistema che ci garantisce in maniera gratuita cibo, acqua, casa, energia, sanità, istruzione, continueremmo a cercare lavoro? Forse sì, ma non con la stessa angoscia di oggi. Allora la domanda giusta da porsi, non è come creare lavoro, ma come costruire una società capace di garantire a tutti le sicurezze rispettando tre condizioni: utilizzare meno risorse possibile, produrre meno rifiuti possibile e lavorare il meno possibile. Perché il tempo non è fatto per stancarsi, ma per elevarsi.

Se smettessimo di concentrarci sul lavoro e puntassimo l'attenzione sulle sicurezze, scopriremmo che il lavoro salariato non è l'unica via per provvedere ai nostri bisogni. Ne esistono almeno altre due che spesso ignoriamo perché nella logica mercantile non hanno valore. Si tratta del fai da te e del lavoro comunitario, due forme di lavoro indipendenti dalla crescita perché non sottomesse ai meccanismi di mercato, ma ai bisogni da soddisfare.

Detronizzare il mercato

Benché disdegnato, il fai da te è abbastanza diffuso. La sfida è rafforzarlo. Ciò che invece è praticamente inesistente è il lavoro comunitario. E non perché non esista l'economia di comunità, oggi nota come economia pubblica, ma perché è mal gestita. Benché ai tempi della democrazia l'economia pubblica debba essere intesa come l'economia di tutti, con diritto all'autodeterminazione, in realtà continuiamo a gestirla come se fossimo ancora nel XVIII secolo. A quei tempi lo Stato si identificava con la classe nobiliare che pretendeva di gozzovigliare alle spalle degli altri prelevando la loro ricchezza attraverso le tasse. Per questo lo Stato era odiato. Da allora sono passati due secoli e varie rivoluzioni, ma continuiamo a concepire l'economia pubblica come un parassita che vive alle spalle del mercato. Non a caso è radicato il pensiero che il mercato produce mentre lo Stato spende.

Se vogliamo trovare davvero una soluzione ai nostri problemi e metterci in condizione di garantire una buona vita a tutti, nella piena inclusione lavorativa, interrompendo l'assalto al pianeta, dobbiamo ripensare l'organizzazione del nostro sistema economico. Fondamentalmente dobbiamo ripensare il ruolo del mercato e dell'economia pubblica, il ruolo del lavoro salariato e dell'autoproduzione. Ancor più importante, dobbiamo rivedere i loro pesi e i loro intrecci. L'ambito su cui dobbiamo intervenire di più è l'economia pubblica, non per ridurla, ma al contrario per potenziarla e soprattutto per liberarla dall'abbraccio mortale col mercato.

Finché continueremo a far funzionare l'apparato pubblico con soldi provenienti dalle tasse, continueremo a fare dipendere la sua capacità di azione dalla buona o dalla cattiva sorte del comparto mercantile. Se il mercato cresce, lo Stato ottiene più soldi e può fornire più servizi, altrimenti deve tagliare o indebitarsi. Ma così facendo, smette di assolvere alla propria funzione proprio quando c'è più bisogno di lui. Non è quando siamo occupati e in buona salute che abbiamo bisogno dell'intervento pubblico, ma quando c'è crisi e siamo malati. Non a caso sono soprattutto i partigiani della sicurezza sociale a tenere gli occhi puntati sul Pil e a fare il tifo affinché cresca. Motivazione nobile, ma strategia sbagliata.

In una società sana, la dignità personale non è una variabile dipendente dalla crescita. Al contrario tutto è organizzato affinché le sicurezze di base siano assicurate sempre e comunque. Il che presuppone la capacità di portarci fuori dall'orbita del mercato, ossia di ridurre il bisogno di lavoro salariato e gettito fiscale, perché è l'unico modo per separare la dignità personale dall'andamento della produzione e delle vendite. Quando sapremo provvedere ai nostri bisogni primari senza entrare in un supermercato, non chiederemo più al nostro vicino di casa di consumare di più per garantirci uno straccio di lavoro salariato. Quel giorno ce ne potremo infischiare dei soldi e potremo fare l'operazione inversa. Potremo rimproverarlo perché i suoi eccessi di consumo danneggiano il bene comune.

Quando riusciremo a far funzionare l'economia pubblica senza ricorrere alle tasse, non faremo più le riforme per attrarre gli investimenti dei capitalisti cinesi, arabi e americani. Quel giorno ce ne potremo infischiare del Pil e potremo agire alla rovescia. Potremo fare delle belle leggi per vietare che si aprano stabilimenti per la produzione di beni inutili e pericolosi o che si usino tecniche buone per il portafoglio, ma dannose per l'ambiente e la salute.

Quando avremo ridotto la dipendenza dal mercato, potremo procedere più spediti sul piano delle regole perché le imprese non potranno più ricattarci con la storia che se hanno troppi vincoli devono chiudere mettendo a repentaglio posti di lavoro. Oggi il ritornello è sempre lo stesso: se non ci lasciate libere di sfruttare, inquinare, rubare, perderemo di competitività e saremo costrette a chiudere con danno per tutti.

Con queste motivazioni il 6 ottobre 2014, l'industria europea dell'acciaio ha affittato una pagina intera del *Financial Times* per chiedere pubblicamente all'Europa di astenersi dall'emanare regole che obbligano le imprese a limitare le emissioni d'anidride carbonica. E c'è da stare certi che la spunteranno, addirittura col nostro sostegno, per evitare che chiudano lasciando sul terreno altri disoccupati.

Se riuscissimo a tagliare il cordone ombelicale col lavoro salariato organizzando una forte economia di comunità che in forma autonoma sapesse garantirci tutte le sicurezze di base, non ci stravolgeremmo più di tanto se qualche impresa dovesse chiudere. Anzi lo ordineremmo, qualora si rendesse necessario per la salute e per l'ambiente. Per cui la vera rivoluzione da compiere è detronizzare il mercato.

Oggi il mercato è il sole del sistema economico. È il centro gravitazionale attorno al quale ruota l'intera economia, la sorgente di energia che imprime movimento a tutto il resto. Per questo è ritenuto intoccabile, anzi è assecondato in tutti i modi possibili affinché cresca. L'unico modo per superare questa situazione di pericolosa supremazia è toglierlo dal centro dell'universo economico. Non per punirlo o per negargli diritto di esistenza, ma per riportarlo nei giusti ranghi. Inteso come scambio, il mercato è una delle formule più antiche inventate dall'umanità. È sempre esistito e sempre esisterà, il problema è la sua pervasività. Oggi la sua presenza è così ingombrante e il suo ruolo così centrale che non solo determina la fisionomia della società, ma decide sulla sopravvivenza delle famiglie e sulla solidità dell'economia pubblica esercitando, indirettamente, potere di vita o di morte sul godimento dei diritti.

Per il potere che gli è stato concesso, oggi detronizzare il mercato sembra impossibile. Nessuno sembra avere abbastanza forza da potergli imporre nuove regole. Ma più che ponendo divieti al mercato, la situazione si normalizza isolando il mercato. Ossia creando le condizioni affinché possiamo provvedere ai nostri bisogni senza dover bussare alla sua porta. Se come famiglie e come comunità fossimo in grado di recuperare autonomia, il mercato si depotenzierebbe automaticamente perché smetteremmo di essere suoi satelliti. Senza più ruolo di centro gravitazionale, il mercato migrerebbe naturalmente verso la periferia per essere riferimento solo di se stesso.

Ricapitolando, l'economia dell'oggi è come un palazzo che poggia su un unico pilastro. Se quel pilastro crolla, viene giù l'intero edificio. L'alternativa è smontare i vari piani e trasformarli in tante casette separate e indipendenti tra loro. Ciascuna con le proprie fondamenta, il proprio ingresso, il proprio giardino, il proprio pozzo, il proprio generatore di corrente, la propria dispensa. Per una questione di sicurezza. Dovesse succedere che una di esse sprofonda, non si tirerebbe dietro le altre. In conclusione, dei ripari continuerebbero ad esserci.

In un'economia del limite orientata al benvivere, le casette da avere a disposizione dovrebbero essere almeno tre. La prima: il fai da te per i piccoli bisogni personali e familiari, tenendo a mente che la prima libertà è l'indipendenza. La seconda: l'economia di comunità con il compito di garantire a tutti le sicurezze di base riassumibili nella salvaguardia dei beni comuni, il soddisfacimento dei bisogni fondamentali, un minimo di occupazione per tutti. La terza: il mercato addetto al soddisfacimento dei desideri, ossia degli optional personali non riconosciuti come bisogni fondamentali.

Ogni casetta a se stante, ma a disposizione di ogni abitante. Quella dell'autoproduzione come prima casa, le altre due come seconde case, occupate per il tempo che ciascuno desidera in base alle proprie aspirazioni di vita e alle regole che la comunità si è data.

È la società della multiattività già ipotizzata da André Gorz e Jeremy Rifkin. Una società nella quale non si svolge un unico lavoro, ma vari, di cui alcuni retribuiti, altri a titolo gratuito. O meglio, alcuni con corrispettivo in denaro, altri con corrispettivo in natura, sotto forma di beni e servizi. Una prospettiva che ci spiazza perché si colloca al di fuori del nostro modo di concepire la vita, ma quando la barca non avanza perché l'acqua è scesa a tal punto da fare poggiare lo scafo sul fondo, non è continuando a remare che possiamo sperare di rimetterla in movimento. L'unico modo per farla ripartire è metterle le ruote.

7

Il fai da te per l'autonomia personale

Una questione di libertà

Uno dei più grandi inganni di questo sistema è averci fatto credere che esiste un solo tipo di economia: la sua. Tant'è che non ci prendiamo neanche più la briga di definirla. La chiamiamo semplicemente «l'economia», come se il cattolicesimo fosse «la religione».

In realtà di economie possibili ne esistono tante, ognuna diversa dall'altra in base ai valori che la animano, alle classi che la dominano, agli obiettivi che persegue. Per chi e per che cosa: queste sono le domande attorno alle quali ogni economia è organizzata. L'economia capitalista ha dato le sue risposte e con chiarezza. È organizzata per i mercanti, affinché possano arricchirsi in una logica di concorrenza. È l'arena nella quale combattersi per contendersi spazi di vendita tramite strategie di marketing e riduzione di prezzi, a loro volta basati sulla riduzione di costi per ottenere quote di profitto sempre più alte.

Abraham Maslow diceva: «Chi possiede solo un martello vede tutto sotto forma di chiodi». Allo stesso modo, il sistema mercantile avendo solo il mercato per la testa, concepisce solo merci e clienti. Perciò fa di tutto per costringere le persone a non avere altro modo di provvedere ai propri bisogni se non attraverso l'acquisto. La prima strategia utilizzata per renderci *mercatodipendenti* è lo spossesso dei mezzi di produzione. In Europa questa fase l'abbiamo vissuta tra il XVIII e il XIX secolo, per cui l'abbiamo dimenticata, ma nel Sud del mondo è ancora pratica abituale e brucia sulla pelle viva di milioni di persone. Tra il 1950 e il 1990, in India oltre due milioni di persone sono state forzate ad abbandonare le proprie case per consentire l'apertura di nuove miniere[1]. In Senegal migliaia di pescatori non hanno più di che vivere perché l'arrivo di pescherecci moderni, capaci di drenare tutto ciò che si trova a centinaia di metri di profondità, ha tolto loro ogni possibilità di pesca. In molte altre zone del mondo migliaia di contadini, pastori, cacciatori, sono cacciati dai loro villaggi perché hanno la disavventura di trovarsi su terre che interessano a imprese petrolifere, forestali, o agricole. Succede che molti debbano andarsene anche per fare posto alla costruzione di alberghi e campi da golf per l'industria del turismo. E dove andare dopo aver perso ogni possibilità di sopravvivenza? Non rimane che la città, dove le baraccopoli crescono a ritmi frenetici. Così milioni di persone che fino a ieri vivevano di ciò che producevano, oggi sono costrette a tendere la mano per ottenere qualche spicciolo con cui comprare un pugno di riso.

Lo spossesso dei mezzi di sopravvivenza è stato accompagnato dallo spossesso dei saperi tradizionali. Sappiamo andare su internet, sappiamo messaggiare con WhatsApp, ma non sappiamo più rammendare un calzino, né fare una marmellata o riparare una bici. Men che mai sappiamo fare il pane, accendere un fuoco, o fare il sapone. Tutte cose che un tempo si sapevano fare, ma che oggi releghiamo nei musei.

[1] T.E. Downing, "Avoiding New Poverty: Mining-Induced Displacement and Resettlement", Research Paper No. 58, IIED and WBCSD, aprile 2002.

Il tutto in nome di una modernità che ci impoverisce per rendere un servizio ai mercanti che hanno bisogno di un popolo di ignoranti per riempire gli ipermercati.

Secondo un'indagine condotta tra gli studenti delle superiori in una zona rurale dell'Emilia, quasi la metà ha dichiarato di non conoscere le stagioni, i tempi di semina e di maturazione di piselli, carote e patate. Un quarto di essi ha ammesso di non saper distinguere un olivo da un cipresso, la metà un salice da un'acacia, tre quarti un platano da un tiglio. Il 40% non ha mai visto fare il pane o la marmellata[2].

Ora, va bene essere addestrati con le nuove tecnologie, ma è folle non possedere le conoscenze minime dell'ambiente e delle pratiche di sopravvivenza, non foss'altro perché la società moderna è totalmente dipendente da servizi che non controlliamo e che sono altamente vulnerabili. Basta un black out nazionale, un taglio alle forniture di gas per non fare funzionare più niente mettendoci tutti allo sbaraglio. Un'esperienza che facciamo abitualmente con internet. Se va via la luce o salta la linea telefonica, il nostro accesso è bloccato, nonostante le nostre conoscenze informatiche.

Non è lo stesso per le piccole attività domestiche, o vernacolari, come le definiva Ivan Illich, che si possono svolgere sempre e comunque perché non hanno bisogno di energia elettrica, né di strumenti sofisticati, ma del buon funzionamento delle nostre mani e di alcune conoscenze di base. Fossimo intelligenti coltiveremmo certe capacità come il nostro kit di sopravvivenza. Esattamente come si fa nei palazzi: nonostante gli ascensori, si costruiscono anche le scale come uscita di sicurezza.

Abbiamo costruito l'economia al servizio dei mercanti e siamo stati ridotti a dei menomati, ma se concepiamo l'economia come l'arte di organizzare la società per garantire a

[2] S. Boni, *Homo comfort*, elèuthera, Milano 2014.

tutti una vita sicura, la prima dimensione da coltivare è quella personale. Sapere fare molte cose da soli è la prima forma di sicurezza perché garantisce la soddisfazione di molti bisogni indipendentemente dalla disponibilità di denaro, e quindi di un lavoro salariato, o dal buon funzionamento degli altri settori dell'economia. In altre parole, l'autoproduzione è una forma di autonomia che si traduce in libertà. Più cose sappiamo fare, più liberi siamo.

Nel XX secolo il simbolo della rivoluzione era falce e martello, oggi potrebbe diventare cacciavite e pennello. L'uno simbolo di autoriparazione, l'altro di automanutenzione. Emblema del fai da te per affermare che l'economia non deve essere al servizio dei mercanti, ma della persona.

Imparare facendo

Per fortuna molti saperi utili a recuperare autonomia non sono ancora andati perduti. Sono solo poco diffusi e il problema è come rimetterli in circolazione. A questo scopo, la scuola può e deve giocare un ruolo importante, ma deve smettere di essere espressione di classe.

Il prestigio sociale lo hanno sempre determinato le classi al potere che, nobili o borghesi che fossero, hanno sempre fatto un punto d'onore di vivere alle spalle degli altri. Ritenendola un'attività superiore, per sé hanno sempre rivendicato lo studio, che è diventato l'indicatore di prestigio sociale. Più alto il titolo di studio di cui potersi fregiare, maggiore la considerazione sociale. Quanto ai lavori manuali, sono sempre stati disprezzati, il lavoro di contadino per primo, come se non richiedesse nessuna competenza, progettualità ed elaborazione mentale.

La scuola, che al tempo stesso è specchio e trasmettitore della mentalità dominante, ha riportato al suo interno gli stessi schemi ideologici, non solo avendo come obiettivo quello di mandare avanti solo i più bravi, ma negando ogni spazio alla manualità, anche quando servirebbe per l'attività cerebrale.

Numerosi pedagogisti hanno dimostrato quanto sia labile e faticoso un tipo di apprendimento che coinvolge solo la testa e quanto sia più funzionale, semplice e gioioso l'apprendimento che impegna tutta la persona. Un proverbio dice: «Se ascolto dimentico, se leggo ricordo, se faccio imparo». La scuola di Barbiana, pur non avendolo scritto sulle proprie pareti, come invece aveva fatto per il motto «I care», aveva così chiaro questo concetto che molte materie le faceva imparare attraverso attività pratiche. Gli Stati e i confini, per esempio, si imparavano disegnando cartine, magari in associazione con altri fenomeni. Sulle pareti della scuola sono ancora appese le cartine d'Europa che indicano l'evoluzione della seconda guerra mondiale e le cartine dell'Africa che mostrano l'avanzata della liberazione dal giogo coloniale. Certo, un apprendimento basato sul fare richiede tempo, ma la scuola di Barbiana questo problema non l'aveva, dal momento che durava dieci ore al giorno per 365 giorni l'anno.

Gianfranco Zavalloni, un educatore morto nel 2012 che si è sempre battuto per una scuola del fare, era un acerrimo nemico delle fotocopie: «Usando schede fotocopiate, l'insegnante è convinto di avere fatto il programma, il bambino invece ha semplicemente colorato degli spazi con dei segni di diversi colori. Allora è molto più efficace per il bambino disegnare da solo il corpo umano, una volta nella vita, cercando di capire dove sono collocati i vari organi, piuttosto che mettersi lì a riempire di colore una fotocopia fatta da altri. L'aspetto interessante è che il bambino in questo modo si appassiona di più e vive in maniera più diretta la scuola»[3].

[3] Federico Tabellini, Intervista a Gianfranco Zavalloni, 22 maggio 2012 in http://www.agebassopiave.net

Sapendo che l'ostacolo alla manualità risiede nei pregiudizi, Zavalloni era arrivato a propugnare la contadinanza attiva: «Nel comune modo di pensare resiste l'idea che essere contadini equivale ad essere ignoranti. Purtroppo è uno dei pregiudizi che ancora oggi la scuola stessa perpetua. Eppure l'arte di coltivare la terra, che, storicamente, è stata tra le più disprezzate, ha tanto da insegnare a tutti noi. [...] Tutti conosciamo il concetto di "cittadinanza attiva", ma è ormai giunto il tempo che s'inizi a usare anche quello di "contadinanza attiva". [...] Essere abitanti o lavoratori della terra non è qualcosa di spregevole. Siamo tutti "contadini di questa terra" e abbiamo tutti "diritto alla contadinanza»[4].

Ed ecco la proposta degli orti: «Coltivare un orto a scuola significa imparare a "rallentare". È un'esperienza altamente educativa. Seminare e coltivare frutta e ortaggi sono attività che mettono a frutto le abilità manuali, le conoscenze scientifiche, lo sviluppo del pensiero logico-interdipendente. Ma significa soprattutto attenzione ai tempi dell'attesa, pazienza, maturazione di capacità previsionali. Lavorare con la terra aiuta i ragazzi a riflettere sulle proprie storie locali e familiari. La maggior parte degli studenti italiani ha sicuramente un papà, un nonno o un bisnonno che ha o che ha avuto a che fare con la coltivazione della terra. Nell'orto i ragazzi uniscono "teoria e pratica", cioè il pensare e il ragionare con il progettare e il fare. In un orto s'imparano i modi, i momenti adatti per seminare. Prima di far questo si deve preparare e concimare il terreno. È necessario poi seguire con cura i prodotti attendendo ai bisogni d'acqua e al controllo dei parassiti. Si possono conoscere infine le combinazioni e le rotazioni giuste tra le varie piante. Il mestiere dei campi, quello dell'agricoltore, del coltivatore, è uno dei mestieri più diffi-

[4] G. Zavalloni, *La pedagogia della lumaca*, Emi, Bologna 2008.

cili al mondo, che richiede grandi abilità, esperienze e competenze multiple»[5].

Una scuola orientata alla libertà valorizza la manualità non solo ai fini pedagogici, ma anche per dotare i giovani delle capacità minime di sopravvivenza. Diceva Rudolf Steiner, fondatore delle omonime scuole: «Nessuno che non sia in condizione, se necessario, di rattopparsi le calze o di rammendarsi i vestiti, può essere un bravo filosofo. Come si può infatti sapere ragionevolmente qualcosa sui più grandi misteri del mondo, se in caso di necessità non ci si può neanche fare le calzature? Non si può davvero voler penetrare con intima partecipazione umana nei misteri del mondo se non si ha assolutamente la minima abilità per le cose che ci stanno più vicine»[6].

Mille sono le piccole pratiche che la scuola dovrebbe metterci in grado di saper svolgere. Tutti quanti, uomini e donne: l'orto, la cucina, la piccola sartoria, la piccola lavorazione del legno, l'imbiancatura, le abituali riparazioni più ricorrenti in una casa. E ancora una volta il ricordo torna a Barbiana. I ragazzi passavano molto tempo nella piccola officina per imparare i segreti della falegnameria e del ferro costruendo ciò che serviva per mandare avanti la scuola. Non solo attrezzi di apprendimento come l'astrolabio e il planetario, ma anche suppellettili come tavoli e sedie.

A scuola di sovranità sanitaria

In un'ottica di autonomia, la prima dimensione da saper gestire è quella del nostro corpo. Nel tempo dell'estetica, del mito della bellezza, del perseguimento dell'eterna giovinezza, ci illudiamo di essere padroni del nostro corpo solo per-

[5] Ivi.

[6] H. Ullrich, R. Steiner, Unesco, *Prospects: the quarterly review of comparative education*, vol. XXIV, no. 3/4, 1994.

ché lo coloriamo, lo tatuiamo, lo impomatiamo, facciamo un po' di sport. Ma gestire il proprio corpo è qualcosa di più di farlo apparire bello o di porsi degli obiettivi di resistenza che monitoriamo con i vari strumenti messi a disposizione dalla tecnologia moderna. Saper gestire il proprio corpo significa saperlo accudire in tutti i suoi aspetti, saper leggere i messaggi che ci invia, saper decidere cosa fare quando qualcosa non va. Alla luce di questi traguardi, scopriamo di non essere assolutamente padroni di noi stessi.

Il primo passaggio di qualsiasi capacità gestionale è la conoscenza. E, parlando di salute, come minimo bisogna sapere come siamo fatti. Una ricerca condotta in Inghilterra nel 2009 ha messo in evidenza che il 45% degli intervistati non sa indicare dove si trova il cuore. Addirittura l'83% non sa collocare né i reni né i polmoni[7].

Analoga ignoranza si riscontra in ambito nutrizionale. Sono poche le persone che hanno la consapevolezza del ruolo svolto dai singoli alimenti o delle quantità e qualità che dovremmo assumerne per mantenerci in buona salute. Con somma soddisfazione delle industrie delle bevande e del fastfood che possono ingozzarci di cibo spazzatura. Da anni i dietologi si sforzano di dirci che aranciate, cole e simili non contengono solo acqua e coloranti, ma anche zuccheri che alterano la dieta. Come si sforzano di farci capire che i panini supergiganti sono artificiosamente arricchiti di sale, zuccheri e grassi con lo scopo di indurci a mangiare oltre misura grazie alla stimolazione delle zone cerebrali deputate al piacere. Il risultato è che obesità e sovrappeso hanno ormai raggiunto livelli allarmanti, con ricadute dirette sulla crescita delle così dette malattie croniche non trasmissibili (tumori, disturbi cardiovascolari, respiratori, metabolici) che nel nostro Paese determinano il 92% dei decessi.

[7] J. Weinman e altri, "BMC Family Practice", BioMed Central Ltd., 2009.

Un proverbio dice che errare è umano, perseverare diabolico. Ed è decisamente diabolico conoscere le cause dei problemi e non fare nulla per risolverli o peggio ancora rincarare la dose per peggiorarli. Così scopriamo che la nostra ignoranza è premeditata per renderci prima prede dell'industria alimentare che guadagna su di noi facendoci ammalare, poi prede dell'industria sanitaria che guadagna su di noi con la scusa di curarci. Non a caso l'industria farmaceutica, che a livello mondiale fattura mille miliardi l'anno, è tra i settori che attraggono maggiori investimenti.

Espropriati della capacità di autogestione, abbiamo ceduto totalmente la nostra sovranità sanitaria ai medici, o meglio ai tecnici del corpo per i quali non esistono neanche più le persone, ma solo organi da aggiustare. Anche grazie all'uso di un gergo incomprensibile ai più, il potere che esercitano su di noi è totale, fino a trasformarsi in tirannia, come quando ci prescrivono interventi operatori chiaramente di tipo sperimentale, o ci impongono di rimanere in vita tra tribolazioni che non augureremmo neanche al peggior nemico.

Imponendosi come i nostri salvatori, hanno trasformato in pratiche mediche anche eventi naturali come il parto, fino ad arrivare a situazioni paradossali in cui il servizio, invece di essere organizzato attorno ai bisogni delle madri e dei loro nascituri, è organizzato attorno alle esigenze dei medici. In proposito Ivan Illich racconta un aneddoto che rasenta la comicità: «Un buon esempio, a illustrazione di questo, me lo ha dato una donna raccontandomi la nascita del suo terzo figlio. Istruita dall'esperienza dei primi due parti, affrontava il terzo con tutta serenità: sapeva che cosa succede e conosceva le proprie reazioni. Entrata in ospedale, sentendo arrivare il bambino chiamò l'infermiera. Ma questa, anziché aiutarla, afferrò un panno sterilizzato e si mise a premere la testa del bambino cercando di farlo "rientrare", e intanto ordinava alla madre di smetterla di spingere perché il dottor Levy non era ancora arrivato»[8].

Si potrebbe pensare che il modo per superare certe aberrazioni sia l'abolizione dei tecnici, ma non è così. Anche se in un'ottica di sobrietà, sostenibilità, democrazia, la tecnologia dovrà essere dolce e su piccola scala, di tecnici ci sarà sempre bisogno. Rimanendo all'ambito medico, continueremo ad avere bisogno di bravi chirurghi che sappiano sistemare le cose quando ci si fa male. La soluzione non è abolire la professione di medico, architetto, botanico o veterinario, ma impedire che si trasformino in dominatori. Il che può avvenire solo se c'è un'elevazione culturale generalizzata. Solo il giorno che tutti conosceremo meglio il nostro corpo, che conosceremo meglio i suoi meccanismi di funzionamento, che disporremo di un vocabolario sufficientemente ampio da non lasciarci intimidire da certi termini, potremo rivolgerci al medico alla pari. Potremo porgli quesiti, chiedergli pareri, ma poi decidere noi cosa vogliamo fare. In conclusione, la sovranità sanitaria si recupera con maggiori conoscenze che ci facciano passare dal ruolo di persone passive e soggiogate, a quello di protagonisti attivi che sanno evitare il medico perché hanno sufficienti conoscenze nutrizionali e igieniche da mantenersi in buona salute. E se proprio ne hanno bisogno, lo interpellano in qualità di consulente che consiglia, non di padrone che decide. Una conferma che il problema è il livello di istruzione e che la vera soluzione è dotarci di una scuola che ci metta tutti in condizione di esercitare la sovranità sanitaria.

[8] I. Illich, *Disoccupazione creativa*, Boroli Editore, Milano 2005.

Il professionismo è diventato così invasivo che si rischia la galera se si fa un'iniezione a un familiare senza avere il diploma di infermiere. Dicono che lo fanno per noi, per salvaguardarci dal rischio di conseguenze gravi che potrebbero derivare da pratiche sbagliate. Eppure è sorprendente la rapidità con la quale i familiari imparano a svolgere pratiche tipicamente infermieristiche ogni volta che hanno la disavventura di trovarsi in casa un congiunto allettato o gravemente ammalato.

Tante capacità che oggi ci sono precluse per costringerci a dipendere da professionisti e istituzioni, le dobbiamo recuperare attraverso un sistema di formazione permanente che la collettività deve organizzare gratuitamente. Fossimo in una società organizzata per le persone avremmo un proliferare di corsi gratuiti che ognuno potrebbe seguire nel momento della vita in cui ne sente il bisogno: da quelli di psicologia per fare meglio i genitori a quello di montatore di pannelli solari; da quello di pronto soccorso a quello di piccola muratura.

Un tempo le persone costruivano da sole anche le case, ed era molto più facile possederne una. Oggi ci scontreremmo con le leggi sulla sicurezza e quelle che impongono l'esibizione di certificazioni rilasciate da professionisti. È il trionfo della carta bollata. Ovviamente in certi ambiti l'attenzione per la sicurezza è d'obbligo, ma quando le cose si fanno per noi, i rischi di disattenzione sono molto più bassi di quando si lavora per i soldi. E se proprio il professionista ci vuole, la collettività lo deve mettere a disposizione, gratuitamente. L'atteggiamento deve essere quello di facilitare, non di mettere i bastoni tra le ruote. Ci vuole una collettività amica che aiuti a risolvere i problemi, non che complichi le cose.

Nonostante tutte le difficoltà, in Italia esistono varie esperienze di autocostruzione. Una delle prime nasce negli anni

Ottanta a San Piero a Sieve, in provincia di Firenze. Il paese è piccolo, tutti si conoscono, si incontrano, parlano. E succede che nell'agenzia immobiliare di Franco Chiarelli arrivano tante giovani coppie per chiedere informazioni su villette a schiera, ma se ne rivanno deluse perché i prezzi sono troppo alti. Neanche l'ipotesi di aderire a una cooperativa edilizia pare una soluzione conveniente perché c'erano state troppe polemiche a suo riguardo. Tra una considerazione e l'altra, Franco butta là la proposta più naturale: «La casa ve la potete fare da soli. Potete risparmiare fino al 50%».

Diciotto coppie accettano di buttarsi nell'avventura e si costituiscono in una cooperativa che chiamano "Cooperativa sperimentale 1". Fin dall'inizio si spartiscono i compiti: chi seguirà le pratiche in Comune, chi i rapporti con gli architetti, chi il rapporto con le banche per ottenere i mutui. Finalmente dopo due anni arriva l'approvazione per la costruzione dei diciotto alloggi e i cantieri si aprono con il lavoro dei soci e in qualche caso anche dei loro parenti. Solo i lavori più pesanti e più specializzati sono appaltati a ditte esterne. Dopo diciotto mesi, la gran parte delle abitazioni sono ormai pronte. Case terra-tetto di tutto rispetto: di 150 metri quadri l'una, con tanto di lavanderia e garage.

La soddisfazione è grande. La previsione di risparmio del 50% si è avverata e non c'è stato neanche un incidente. Puntualizza Chiarelli: «Per quanto riguarda le norme sulla sicurezza, all'epoca le leggi erano meno stringenti. C'è da dire però che i soci della cooperativa erano assai più attenti alle proprie condizioni di sicurezza dei comuni operai edili, proprio perché inesperti e timorosi di farsi del male. Ciò permise di concludere i lavori senza neppure un minimo incidente in cantiere».

Si era trattato di un periodo duro che non aveva permesso né domeniche, né ferie: ogni momento libero era stato dedicato al cantiere. Il patto era che ogni socio ci avrebbe messo mille ore di lavoro e, se qualcuno avesse lavorato di meno, avrebbe compensato con un contributo economico a vantaggio di chi avesse lavorato di più. Ma alla fine i soci che erano a credito decisero di non avvalersi della clausola compensatoria e regalarono le ore in più alla cooperativa. Gran segno di solidarietà reso possibile dall'amicizia che i soci avevano tra loro. Del resto, nonostante il lavoro, non avevano mai trascurato di organizzare momenti conviviali per rafforzare l'amicizia: dalle tradizionali cene fino a formare una squadra di calcio iscritta ai tornei locali. «E dopo trent'anni», aggiunge Chiarelli, «è ancora usanza ritrovarsi a una grande tavolata per festeggiare "il compleanno", il giorno in cui vennero consegnate le chiavi delle case di San Piero. A dimostrazione che l'autocostruzione non è solo lavoro manuale, ma anche un modo per stringere rapporti duraturi e solidi come gli edifici che nascono dal duro lavoro di chi li abiterà»[9].

Prosumatori biologici

Se rispetto all'autocostruzione abbiamo ancora qualche passo da compiere, in molti altri ambiti il fai da te è pratica abituale. Pensiamo all'igiene personale, alla cura dei figli, alla preparazione dei pasti, all'accudimento della casa. Per alcuni sta diventando abituale anche produrre parte delle proprie cibarie. Non il grano che richiede macchinari e grandi estensioni di terra, ma sicuramente l'orto.

Fare l'orto è semplice ed è un modo intelligente di fare sport, invece di sprecare energie nel chiuso delle palestre. In più fa bene alla salute ed è buono per l'ambiente perché aiuta a ridurre il consumo di sostanze chimiche. È quando si

[9] http://www.architetturaecosostenibile.it/architettura/in-italia/autocostruzione-italia-progetto-sperimentale-252.html

produce per il mercato, che esige prodotti di bella presenza, che si inondano le coltivazioni di chimica. Se invece si produce per noi, si bada alla salubrità e piuttosto che irrorare veleni ci teniamo la lattuga smangiucchiata dalle lumache.

Di sicuro per fare l'orto ci vuole la terra e in città non è così agevole averne. In città si può camminare per chilometri senza calpestare una zolla di terra. Così, i più accaniti sostenitori degli orti cittadini si sono lanciati nella ricerca di soluzioni per consentire il giardinaggio negli appartamenti. Alcuni hanno proposto di riempire i balconi con grandi vasi. Altri hanno messo a punto dei contenitori di terra, da tenere penzoloni, fuori dalle finestre. Altri ancora hanno suggerito di creare delle aiuole artificiali sulle terrazze in cima ai palazzi, riempiendo di terra dei vecchi copertoni di camion.

Prima di ricorrere a queste soluzioni estreme conviene ricordarsi che anche le città possono nascondere delle terre da coltivare. Se ne possono trovare nei recinti scolastici, attorno alle chiese, nei parchi, attorno ai letti dei fiumi. Complice la crisi, in alcune città chi ne aveva bisogno se le è prese senza chiedere il permesso a nessuno, come è successo a Livorno dove il Comitato precari e disoccupati "ex caserma occupata" ha trasformato in orto una lingua di terra abbandonata dietro i palazzi di via Goito. E dove prima c'erano solo erbacce, ora fanno bella mostra di sé pomodori e cetrioli goduti gratuitamente da decine di famiglie.

Da un po' di tempo un numero crescente di sindaci ha preso l'abitudine di garantire l'accesso ai terreni urbani in forma legale. Nel 2013 l'Istat ha censito 57 Comuni che avevano attivato orti urbani da far gestire ai cittadini, in molti casi per ragioni socio-assistenziali. Secondo il regolamento del Comune di Piossasco, per esempio, gli appezzamenti sono «assegnati ai cittadini/e residenti in Piossasco (Torino) con età superiore ai 58 anni che ne facciano richiesta, pensionati o lavoratori in mobilità o cassaintegrati o cittadini/e non ancora in possesso dei requisiti necessari per usufruire dell'assegno sociale a carico dell'Inps erogabile al 65° anno di età».

Il comune di Lastra a Signa (provincia di Firenze) individua ragioni più ampie: «L'assegnazione ai cittadini, in concessione in uso gratuito, di appezzamenti di terreno da adibire a uso ortivo, trova fondamento nella volontà dell'Amministrazione Comunale di stimolare e agevolare l'impiego del tempo libero dei cittadini residenti nel Comune in attività ricreative volte a favorire la socializzazione nonché la diffusione e la conservazione di pratiche sociali e formative tipiche della vita rurale».

Così succede che anche la gestione può assumere varie forme. Ci sono casi in cui ogni assegnatario gestisce autonomamente il proprio orto, altri in cui si sviluppano forme condivise. Metodi di gestione, cioè, in cui si lavora assieme, si condividono le spese, si spartiscono i raccolti.

Un'esperienza di orto condiviso è quella di Modena organizzata nell'associazione "Orticondivisi" che così si presenta: «L'associazione nasce nella primavera 2012 per iniziativa di sei nuclei familiari impegnati, con vanga e zappa, a coltivare gli orti condivisi della Fattoria Centofiori di Marzaglia Nuova a circa 6 km dal centro della città di Modena. Dotata in partenza di un'anima orgogliosamente meticcia, l'Associazione ha da subito riunito italiani di qualsiasi età, migranti, seconde generazioni, ecc. Tutti accomunati dalla voglia/necessità di vivere una parte del proprio tempo a contatto con la terra, svolgere attività fisica ed essere attivi, condividendo progetti comuni con spirito collaborativo e recuperare un rapporto con il cibo basato sulla produzione sostenibile».

Le ragioni che spingono all'orto possono essere le più varie, talvolta anche solo la penuria di soldi. Ma solitamente c'è anche una forte motivazione salutistica e ambientalista: il desiderio di mangiare prodotti senza pesticidi, di salvaguardare l'ambiente, di consumare prodotti a chilometri zero divenendo "prosumatori", soggetti, cioè, che non si limitano a consumare, ma che producono ciò che consumano al fine di annullare ogni forma di trasporto e di imballaggio. Tant'è che l'orto è una delle proposte chiave di "Transition town", il movimento nato in Inghilterra e ora esteso a tutta Europa, che invita ogni persona, ogni famiglia, ogni comunità a cambiare subito il proprio stile di vita per ridurre il consumo di energia e passare dai combustibili fossili alle fonti di energia rinnovabile.

In chi opta per l'orto condiviso c'è anche una forte motivazione sociale, quasi un progetto politico. Non solo la voglia di fare le cose insieme, perché nella collaborazione le cose sono più facili, ma anche il desiderio di creare occasioni di condivisione con chi di solito è escluso e di instaurare forme di solidarietà con le strutture assistenziali del territorio devolvendo parte del prodotto a loro favore.

Autoproduzione condivisa

L'esperienza dimostra che la condivisione è vantaggiosa non solo in agricoltura, ma in molti altri ambiti. Per esempio, quello delle piccole riparazioni. Non tutti hanno a casa gli spazi e gli arnesi necessari per riparare la bici, l'aspirapolvere o il ferro da stiro. Oltre agli arnesi, talvolta mancano anche i saperi e si finisce per rinunciare. Per questo in varie città sono sorti dei laboratori condivisi dove si possono riparare gli oggetti rotti sotto la guida di persone esperte.

Un esempio è la ciclofficina Ciclope, un laboratorio di autoriparazione di bici messo a disposizione dal comune di Romano di Lombardia. Chiunque debba fare piccole riparazioni può andarci: troverà gli arnesi che servono ed esperti disposti a dare consigli e assistenza in maniera gratuita.

Nel gennaio 2014, a Lambrate, quartiere di Milano, è stata aperta un'officina con finalità più ampie. L'iniziativa è stata presa dall'Istituto Oikos, una realtà che si presenta come «un'associazione laica e indipendente che opera in Europa e nei Paesi del Sud del mondo per favorire la conservazione dell'ambiente come strumento di sviluppo economico e sociale». Convinta che l'ambiente si difenda anche evitando lo spreco, ha dato il via all'officina "RigeneriAMO", uno spazio dove realizzare qualcosa di nuovo partendo da scarti e prodotti vecchi. Perché buttare un oggetto quando si potrebbe rigenerarlo o reinventarlo? Ed ecco uno spazio dove aggiustare una vecchia sedia, ridipingere un comodino in disuso o creare una lampada da un barattolo vuoto, sotto la guida di eco-designer e altri esperti che offrono la propria competenza gratuitamente.

L'officina è aperta al pubblico tutti i mercoledì dalle 16 alle 22 e ogni mese sono organizzati laboratori tematici: sul restyling di mobili; sull'autoproduzione del sapone; sul riutilizzo creativo di vecchi ombrelli, sulla creazione di decorazioni natalizie di cartapesta, sulla corretta manutenzione della bicicletta.

Intanto alla Garbatella, quartiere di Roma, nel settembre 2013 è stato aperto un forno popolare. Acceso tutti i sabati, il mattino è a disposizione di chi vuole cuocere pizza, arrosti, lasagne, carne; il pomeriggio è per chi vuole infornare il pane. L'iniziativa nasce dalla collaborazione del collettivo Casetta Rossa con il Collettivo P.A.N.E, il primo più orientato all'autogestione del territorio, il secondo più orientato all'autoproduzione, ma entrambi accomunati dalla volontà di costruire dal basso un altro mondo possibile.

Racconta un responsabile dell'iniziativa: «Il forno popolare è stato costruito con il contributo (anche economico) di volontari della Casetta Rossa, di costruttori esperti e di cittadini. Oltre che per fare riscoprire il gusto di fare le cose da soli, lo abbiamo costruito anche per abbattere le spese delle famiglie e per ricreare un luogo di aggregazione sociale. Tra un impasto e l'altro la gente parla, si conosce e condivide i problemi. Ogni tanto vengono organizzati dei corsi sulla panificazione e vengono fornite informazioni non solo sugli orti urbani, ma anche sugli agricoltori e sui laboratori locali per promuovere gli acquisti a filiera corta. Il forno è autogestito e può essere utilizzato da tutti i cittadini con un contributo minimo per le spese necessarie al funzionamento e mantenimento del forno, legna, fascine, corrente elettrica».

Un altro modo per potenziare il fai da te è il baratto, anch'esso in via di espansione. Sul finire degli anni Settanta Claire Héber-Suffrin, maestra elementare francese, fondò addirittura la "Rete di scambi reciproci del sapere", in sigla RERS. Obiettivo: permettere a chiunque abbia qualcosa da insegnare di poterlo scambiare con altri saperi. Magari la nonna settantenne offre l'insegnamento di ricamo e uncinetto e cerca lezioni sull'uso del computer. O il professionista offre lezioni di fotografia e ne cerca di equitazione. Ogni allievo si mette d'accordo col proprio maestro sui tempi di insegnamento e alla fine di ogni lezione dice semplicemente grazie. La ricompensa verrà da un altro membro della rete.

Uno dei Paesi dove il baratto si è sviluppato di più è stato l'Argentina negli anni Novanta, con la creazione dei "Club de Trueque", un'iniziativa dal basso per fare fronte alla crisi che aveva gettato in miseria una gran quantità di persone.

Quanto all'Italia la forma di baratto più diffusa è rappresentata dalle banche del tempo, un modo per scambiarsi servizi. Del tipo: offro compagnia per un anziano e chiedo assistenza per i compiti di un figlio; chiedo che qualcuno vada a pagare le mie bollette e offro di prendere i bambini all'uscita di scuola; chiedo di essere accompagnata a una visita specialistica e offro lavori di cucito; offro l'organizzazione di piccole feste e chiedo di essere accompagnata al supermercato.

A differenza del baratto classico, nella banca del tempo si

può rendere il servizio a un membro e riceverne a nostra volta da un altro. In altre parole lo scambio avviene per l'intermediazione del gruppo che agisce da banca in quanto annota i debiti e i crediti di ognuno. L'aspetto più interessante è che gli scambi sono alla pari. L'unità di misura è l'ora di 60 minuti, indipendentemente dalla professione, dalla classe sociale di appartenenza o dalle condizioni economiche delle singole persone. In questo senso, le banche del tempo realizzano un egualitarismo pressoché perfetto. E non è poco, per i tempi che corrono.

8

L'economia di comunità per le sicurezze di tutti

Bisogni fondamentali come diritti

Benché il primo obiettivo della società del benvivere sia mettere ogni persona in condizione di poter soddisfare direttamente i propri bisogni, è altrettanto evidente che il fai da te non può spingersi oltre certi confini. Possiamo cercare di potenziarlo attraverso alleanze e scambi di vicinato, ma incontreremo comunque un suo limite, più che per difficoltà legate alle competenze, per problemi di carattere tecnologico e strumentale. Prendiamo la bicicletta, per esempio. È un mezzo di trasporto semplice e sostenibile, possiamo ripararla e assemblarla da soli, ma non possiamo fabbricarla perché richiede macchinari fuori della portata dei singoli.

Per tutti quei bisogni che richiedono un assetto strumentale e organizzativo di una certa complessità, è necessario delegare la produzione ad altre strutture. Ed ecco due grandi strade di fronte a noi: il mercato o la comunità. La differenza sostanziale tra le due soluzioni sta nel modo attraverso il quale distribuiscono ciò che producono: il mercato fa pagare per ciò che dà, la comunità distribuisce gratuitamente; il mercato accetta nel proprio circuito solo chi possiede denaro e dà a ciascuno in base a ciò che può spendere, la comunità accoglie tutti e dà a ciascuno in base al proprio bisogno. In definitiva il mercato è classista, la comunità è universale. La grande decisione che dobbiamo prendere è cosa attribuiamo al classista e cosa all'universale.

Dell'argomento si discute da secoli ed è tutt'oggi motivo di divisione politica. I partiti stessi si distinguono tra loro per il modo di concepire il mercato e la comunità con alcuni che propendono esclusivamente per il mercato, altri esclusivamente per la comunità, altri ancora per soluzioni intermedie, ciascuno con le proprie sfumature. E a spingere ogni cittadino verso una posizione o l'altra contribuiscono motivazioni ideologiche, appartenenze sociali, addirittura aspetti di carattere psichico. In definitiva, prevalgono le motivazioni personali, mentre servirebbero criteri oggettivi per porre fine alla diatriba.

Un criterio possibile è quello dei bisogni, partendo dalla constatazione che i bisogni non sono tutti uguali. Non possiamo mettere sullo stesso piano l'acqua e la cravatta: senz'acqua si muore, senza cravatta la vita non si sposta di un millimetro. Di confronti analoghi ne potremmo fare molti, giungendo alla conclusione che i bisogni si possono dividere in due grandi aree: i bisogni fondamentali e gli optional. I primi irrinunciabili perché determinanti per la vita; i secondi accessori perché dipendenti dalle aspirazioni e dai gusti personali.

In quanto irrinunciabili, i bisogni fondamentali sono automaticamente elevati al rango di diritti. A quella categoria di bisogni, cioè, che tutti devono poter soddisfare indipendentemente se ricchi o poveri, uomini o donne, giovani o vecchi, bianchi o neri. Per fortuna non c'è ancora qualcuno che affermi che solo i ricchi debbono poter bere o mangiare, il che ci permette di stabilire subito, con certezza, che i diritti non possono appartenere al mercato. E non per pregiudizio ideologico, ma per constatazione pratica. Con le sue migliaia, milioni di imprese di ogni dimensione e settore, dal punto di vista dell'offerta il mercato è ineguagliabile. Beni fondamentali e beni di lusso, oggetti comuni e oggetti rari, prodotti leciti e prodotti illegali, mezzi di pace e mezzi di guerra: non c'è prodotto che il mercato non sia in grado di procurare, ma la regola base del mercato è che vende, per cui esclude automaticamente i più poveri. Esclusione e diritti sono principi che fanno a cazzotti tra loro. Sono l'uno il contrario dell'altro. Per questa unica ragione, una macchina organizzata per escludere non può occuparsi di diritti.

L'ambito naturale dei diritti è la comunità che si organizza per garantirli a tutti in maniera gratuita attraverso un patto di solidarietà. Chiede ad ognuno di contribuire per quanto può, affinché ognuno possa ricevere per quanto ha bisogno. Un principio che non è estraneo ai nostri ordinamenti, ma che oggi è sotto attacco perché toglie spazio al mercato.

Eppure il riconoscimento dei diritti è lo spartiacque tra umanità e animalità. È l'affermazione che la convivenza non va organizzata sulla forza e la prepotenza, ma sul riconoscimento di un livello di uguaglianza e di rispetto per tutti che nessuna forza può oltrepassare. Nella misura in cui questo patto è rispettato, avremo la civiltà, altrimenti sarà la barbarie.

Nel 1948, l'Assemblea delle Nazioni Unite approvò la Dichiarazione universale dei diritti umani che dedica l'intero articolo 25 ai bisogni della persona: «Ogni individuo ha diritto a un tenore di vita sufficiente a garantire la salute e il benessere proprio e della sua famiglia, con particolare riguardo all'alimentazione, al vestiario, all'abitazione, alle cure mediche e ai servizi sociali necessari. Ha altresì diritto alla sicurezza in caso di disoccupazione, malattia, invalidità, vedovanza, vecchiaia o in altro caso di perdita di mezzi di sussistenza per circostanze indipendenti dalla sua volontà».

Nel successivo articolo 26, si contempla il diritto all'istruzione, ma alla luce delle problematiche odierne e del cammino fatto in tema di dignità umana, la lista stilata dalla Dichiarazione dei diritti umani è senz'altro incompleta. Se dovessimo riscriverla oggi, al primo posto dovremmo mettere il diritto a respirare. Potrebbe sembrare una provocazione, ma in troppi luoghi del mondo questo diritto è minacciato. Ne sanno qualcosa gli abitanti di Taranto dove c'è un'incidenza di tumori superiore del 30% rispetto al resto della provincia e addirittura del 100% per i casi di mesotelioma. È bene ricordare che respirare è il nostro primo bisogno e che per soddisfarlo abbiamo bisogno di una buona aria. Un obiettivo che si raggiunge non producendo di più, ma contenendo la produzione, perché ogni attività produttiva comporta emissione di rifiuti che compromettono l'aria.

Al secondo posto dovremmo mettere il diritto all'acqua, tenuto conto che il nostro organismo è formato per il 70% di questo liquido e che l'oro blu è fondamentale per tenerci puliti, precondizione della buona salute. Nel 2002 il Comitato per i diritti economici, sociali e culturali delle Nazioni Unite ha precisato che l'acqua è un diritto[1], ma molti governi continuano a non tenerne conto per poter assegnare la gestione dell'acqua a imprese private.

Al terzo posto dovremmo metterci il cibo, un diritto dimenticato in un Paese come il nostro dove le famiglie buttano in pattumiera 42 kg di cibo pro capite all'anno[2]. Ma nel contempo quattro milioni di persone sono costrette a chiedere aiuto per poter mangiare[3].

Al quarto posto il vestiario e al quinto l'alloggio, considerato che la disponibilità di una casa è la premessa per mettere su famiglia, come ben sanno i giovani che spesso riman-

[1] Committee on economic, social and cultural rights, "General comment", n.15, 11-29 novembre 2002.

[2] Fondazione per la Sussidiarietà e Politecnico di Milano, "Comunicato stampa", 10 giugno 2012.

[3] Coldiretti, "Crisi nel piatto degli italiani", maggio 2014.

dano il matrimonio per l'impossibilità di affrontare un mutuo o un affitto. Al sesto posto l'energia: non la benzina per scorrazzare in automobile, ma il gas e la corrente elettrica necessari per cucinare, illuminarsi, scaldarsi. Al settimo posto la sanità e all'ottavo l'istruzione. Infine al nono e al decimo posto i trasporti e le comunicazioni.

Per ciascuno di essi si pone la questione della quantità, che vedremo più avanti, ma il problema dei problemi è quale formula utilizzare per assicurarli.

Universale contro assistenziale

Al di là delle dichiarazioni, non si sono ancora viste nazioni che abbiano dimostrato di essersi poste come obiettivo primario quello di garantire una vita degna per tutti. Eppure già Robespierre si era espresso in tal senso col discorso che tenne il 2 dicembre 1792 alla Convenzione nazionale: «Qual è il primo obiettivo della società? Quello di garantire i diritti inderogabili dell'uomo. E qual è il primo di questi diritti? Quello di esistere. La prima legge sociale, dunque, è quella che garantisce a tutti i membri della società i mezzi per vivere; tutti gli altri sono subordinati a quest'ultimo»[4].

Ma Robespierre si era limitato ad affermare un principio e toccò ad altri individuare le strategie per metterlo in pratica. Dal dibattito che si sviluppò, emersero due grandi filoni di pensiero: l'universalista e l'assistenzialista. Sommariamente, entrambi propugnano l'obbligo per lo Stato di intervenire con un mix di fornitura diretta di servizi (principalmente scuola e sanità) e l'erogazione di contributi in denaro. Ma la differenza tra le due posizioni sta nella misura degli interventi e nei destinatari. Gli universalisti sono per provvedimenti

[4] M. Robespierre, *Pour le bonheur et pour la liberté* [1793], La Fabrique, Paris 2004.

a favore di tutti, ricchi e poveri, occupati e disoccupati. Gli assistenzialisti, solo per i più bisognosi.

La differenza risulta particolarmente evidente quando si parla di contributi in denaro. La posizione degli universalisti è che lo Stato deve elargire a tutti, anche ai ricchi, un contributo minimo per la copertura delle spese di base. Citano in proposito vari pensatori. Il primo ad andare in questa direzione fu Thomas Paine, figura di primo piano della rivoluzione americana e francese. Nel 1796, in un documento presentato al governo rivoluzionario francese, Paine propone un meccanismo per rimediare a quello che secondo lui è un vero e proprio abuso. Convinto che la terra sia «proprietà comune della razza umana», sostiene che «ogni proprietario deve corrispondere alla comunità una rendita terriera [...] per la creazione di un fondo nazionale da utilizzarsi per pagare a ogni individuo che raggiunge la maggiore età, la somma di quindici sterline, a parziale indennizzo per la perdita di accesso alla terra». E precisa che «i pagamenti debbono essere effettuati a favore di tutti, ricchi o poveri che siano»[5].

In un altro contesto, nel 1918, è il filosofo inglese Bertrand Russell a spezzare una lancia a favore di una somma data a tutti da parte dello Stato: «Detta in maniera più semplice, la soluzione che prospettiamo è quella di garantire a tutti, sia agli occupati che ai disoccupati, un piccola somma sufficiente per le proprie necessità»[6]. Nel 1982, il filosofo belga Philippe Van Parijs, ripropone l'idea di un reddito garantito come forma di redistribuzione della ricchezza e ampliamento della libertà personale. «Sono arrivato all'idea attraverso due strade», spiega Philippe in un'intervista, «una filosofica, l'altra socio-ambientalista. Quest'ultima nasceva dalla necessità di dare una risposta alla disoccupazione in una forma ecolo-

[5] M.D. Conway, *The writings of Thomas Paine*, "Agrarian Justice", Putnam, New York 1895.

[6] B. Russell, *Proposed roads to freedom*, George Allen & Unwin, London 1919.

gicamente sostenibile. [...] Negli anni Ottanta in Belgio c'era una disoccupazione molto alta che non scendeva neanche quando c'era una buona congiuntura economica. L'unico rimedio proposto dalle organizzazioni padronali e sindacali era la crescita, ma tenuto conto del progresso tecnologico, doveva trattarsi di una crescita molto alta, che si scontrava con i limiti del pianeta. Esisteva un'alternativa? L'idea che mi venne in mente fu quella di un reddito incondizionato che battezzai "sussidio universale" per analogia con il "suffragio universale". Il vantaggio è che questo tipo di reddito è parzialmente indipendente dalla crescita e permette a chi sente la necessità di ridurre il lavoro di poterlo fare lasciando così il posto a chi è senza lavoro»[7].

Philippe condivide le sue idee con altri colleghi d'università e insieme decidono di dare vita a un gruppo di lavoro che battezzano Collectif Charles Fourier. Nel 1985 espongono le loro tesi sul mensile belga *Revue Nouvelle* attraverso un servizio che si aggiudica un premio della Fondazione del re Baldovino. Con quella fortuna inaspettata, nel 1986 il collettivo decide di organizzare un seminario internazionale che permette di mettere attorno allo stesso tavolo studiosi dell'argomento provenienti da tutto il mondo. L'incontro si conclude con la decisione di dare vita a un'organizzazione permanente dall'acronimo BIEN: "Basic income earth network" (Rete planetaria per il reddito di base).

Dopo quell'incontro, in altri Paesi sono sorti coordinamenti nazionali per la promozione del reddito universale. In Italia si chiama BIN (Basic income network) e ha sede a Roma, ma oltre al proliferare di coordinamenti nazionali si è avuta anche l'esplosione di definizioni che si usano in maniera interscambiabile per riferirsi al reddito incondizionato.

[7] "'De chacun (volontairement) selon ses capacités à chacun (inconditionnellement) selon ses besoins'. Entretien avec Philippe Van Parijs", *Mouvements*, 2013/1, n° 73, pp. 155-174.

Le più usuali: reddito di base, reddito d'esistenza, reddito di cittadinanza, reddito minimo universale. Un'espressione, quest'ultima, che si presta ad essere confusa con quella di reddito minimo garantito, che invece appartiene all'altro filone di pensiero, quello assistenziale.

Il reddito minimo garantito è il punto di maggiore evoluzione della logica di beneficienza pubblica, di forme di assistenza, cioè, fornite dallo Stato a categorie sociali in particolari condizioni di necessità: disoccupati, anziani senza alcun tipo di pensione, inabili, famiglie in povertà. Basti dire che fino al 1977 in Italia avevamo 40.000 istituti di beneficienza pubblica. Poi c'è stato un certo riordino, ma continuano a sussistere molte forme di assistenza che fissano i loro interventi tenendo più conto delle disponibilità finanziarie che dei bisogni dei cittadini.

Il reddito minimo garantito, pur essendo erogato solo a favore di persone in stato di bisogno, ha di positivo che è fissato in misura uguale per tutti tenendo conto delle necessità della vita. In Italia il reddito minimo garantito non esiste ancora, benché in Parlamento giacciano vari disegni di legge dalle connotazioni più varie.

Il ruolo insostituibile dei servizi

Se costruissimo una scala della sicurezza sociale, al primo gradino troveremmo il capitalismo compassionevole, la beneficienza "allo stato brado". Tutto dato per concessione, in base alla sensibilità della classe politica. Al secondo scalino troveremmo il reddito minimo garantito. Benché assegnato solo alle categorie sociali più bisognose, sarebbe elargito per tutto il tempo che serve e per un ammontare sufficiente a vivere dignitosamente. Al terzo gradino troveremmo il reddito d'esistenza, che si comporta da correttivo delle disuguaglianze in quanto elimina la separazione tra cittadini autosufficienti di serie A e cittadini bisognosi di serie B. Il reddito di esistenza ci metterebbe tutti sullo stesso piano. Saremmo tutti portatori del medesimo diritto per la sola ragione di esistere. Per di più lascerebbe molta più libertà rispetto al lavoro. Con un reddito minimo a nostra disposizione, l'esigenza di un lavoro salariato si ridurrebbe dandoci più libertà di scelta. Potremmo anche decidere di rinunciarci del tutto o di assumerne uno a orario ridotto, per avere più tempo da dedicare a noi stessi, alla famiglia, alla vita sociale.

Riconosciuti i meriti del reddito d'esistenza, vanno esaminati però anche i nodi. Il prima problema è a quale livello fissarlo. In alcune interviste Van Parijs parla di duecento euro al mese, una somma che può andare bene per chi gode anche di altri introiti, ma totalmente insufficiente se è l'unica forma di entrata. Il che farebbe scattare di nuovo l'esigenza di un contributo straordinario a favore delle categorie più bisognose, annullando l'effetto livellatore del reddito d'esistenza.

Un reddito di cittadinanza portato a cinquecento euro, sarebbe sicuramente più adeguato, anche se ancora insufficiente per chi vive da solo. Ma riferito all'Italia significherebbe una spesa complessiva di trecento miliardi di euro all'anno (20% del Pil) che imporrebbe un poderoso aumento di tasse non solo a carico dei più ricchi. Una prospettiva che creerebbe un forte malcontento popolare.

In questo scenario, l'esigenza di reperire somme di denaro piuttosto consistenti potrebbe esporre a due rischi. Il primo è il perseguimento sempre più insistente della crescita, perché l'aumento di ricchezza è l'unico meccanismo capace di garantire un maggior gettito fiscale senza aumentare le percentuali di tassazione.

Il secondo rischio è l'innesco di una pericolosa competizione tra spese pubbliche. Il caso del debito, che spinge i governi a trovare i soldi per gli interessi tagliando le spese sociali, mostra come possano mettersi in moto meccanismi perversi quando la coperta è corta. Sarebbe tragico se per fare spazio al reddito di cittadinanza si dovessero tagliare le spese sanitarie e scolastiche. In tal caso faremmo un gran servizio al mercato e un grave danno alla dignità personale. Aumenteremmo le spese per consumi individuali, indotti dalla pubblicità, ma ridurremmo le spese che migliorano la qualità della vita.

Dobbiamo aver chiaro che la dignità di un popolo non dipende solo dalla quantità di denaro a disposizione delle famiglie. Dipende soprattutto dalla quantità di servizi gratuiti offerti dalla comunità, precisando che c'è un rapporto inversamente proporzionale tra servizi pubblici e necessità di denaro a livello individuale. Quanto più numerosi sono i servizi gratuiti per sanità, istruzione, alloggio, trasporti, tanto più basso è il denaro che serve per vivere.

La morale è che non si può pensare di garantire la dignità umana intervenendo solo sulla distribuzione del reddito. Parallelamente bisogna intervenire sulla produzione di beni e servizi pubblici, sapendo che la garanzia di una vita degna per tutti è il primo obiettivo che dobbiamo porci come collettività. E oggi che il pianeta è in affanno dobbiamo porcelo con maggiore determinazione e grande disponibilità al rinnovamento.

Quando risorse e spazi ambientali si fanno scarsi, bisogna passare dall'economia del cow boy, che fa razzia per la prateria, all'economia dell'astronauta, che si muove con grande prudenza perché sa di essere a corto di tutto. Un passaggio di stato che non richiede solo un cambio di tecnologia, ma una riorganizzazione dell'intero assetto economico e sociale, a partire dalla necessità di fissare le priorità. Se l'acqua è scarsa dobbiamo decidere se lasciamo che ognuno possa utilizzarla come vuole, col rischio che qualcuno ci riempia la piscina e altri non ne abbiano neanche per lavarsi, o se ci organizziamo per garantirne a ognuno una quantità minima per i bisogni fondamentali. E se concludiamo che la nostra priorità sono i bisogni di base per tutti, dovremo decidere come attuare questo obiettivo evitando ogni forma di spreco. In altre parole, dovremo escogitare delle forme di programmazione per indirizzare le risorse verso gli obiettivi che consideriamo prioritari. Ma sarà anche necessario trovare dei modi per permettere all'economia pubblica, a cui spetta il compito di assicurare una buona vita per tutti, di svolgere questa funzione mantenendo l'intera macchina economica a un regime di giri quanto più basso possibile. Così torniamo all'annoso problema di come organizzare l'economia pubblica affinché possa espandersi ogni volta che serve senza rapporto di causa effetto col resto dell'economia.

Demonetizzare l'economia pubblica

Come anticipato, la soluzione per coniugare diritti e sostenibilità si chiama autonomia, che vuol dire capacità di fare funzionare l'economia pubblica senza relazionarsi col mercato o relazionandosi in misura molto ridotta. Un traguardo che può essere raggiunto demonetizzando l'economia pubblica, ossia smettendo di porre il denaro a base del suo funzionamento, per sostituirlo col lavoro ottenuto gratuitamente dai cittadini.

In fondo il lavoro, associato alla tecnologia e alle materie prime, costituisce la base di ogni forma di produzione. Nel caso di certi servizi ne è addirittura l'ingrediente principale, se non l'unico. Molti servizi alla persona ricadono in questa tipologia.

In Italia il lavoro assorbe oltre la metà della spesa pubblica destinata ai servizi e, se lo Stato ottenesse il lavoro gratuitamente dai cittadini, potrebbe fare a meno di 160 miliardi di euro ogni anno. Se poi allargasse la propria attività alla produzione di materiali e macchinari che oggi compra, potrebbe far funzionare la macchina pubblica quasi totalmente col lavoro dei cittadini, riducendo al minimo il bisogno di denaro rastrellato tramite il fisco. Del resto, il denaro come espressione della ricchezza prodotta nel mercato, può sempre scarseggiare, ma il lavoro no, quello non scarseggia mai, a meno di epidemie mortali.

Sicuramente non scarseggia oggi che abbiamo sette milioni di disoccupati. Ciò nonostante abbiamo strade sporche, edifici pubblici fatiscenti, aule scolastiche sovraffollate. Che è come morire di sete accanto a un pozzo pieno d'acqua. Un vero assurdo che diventa follia se pensiamo che l'economia pubblica può espandersi solo se la crescita dell'economia mercantile glielo consente. Eppure questo è ciò che succede oggi, rendendo l'economia pubblica simile ai termovalorizzatori, macchine che fanno dello spreco una virtù.

Giova ricordare che i termovalorizzatori sono impianti che producono energia elettrica bruciando rifiuti. La precondizione per poter funzionare è che la gente produca tanta immondizia, per cui i termovalorizzatori sono dissipatori, non produttori di energia. Per rendersene conto basterebbe mettere a confronto l'energia utilizzata per produrre tutto ciò che è consumato e l'energia ottenuta bruciando i suoi avanzi. La sproporzione è talmente grande che se proprio si vuole produrre energia elettrica dal petrolio, sarebbe assai più vantaggioso produrne bruciando petrolio vergine piuttosto che quello transitato per gli imballaggi e gli altri residui del consumismo.

Con le dovute differenze, l'economia pubblica deve fare la stessa scelta. Per interrompere la dipendenza dalla crescita del Pil, deve smettere di impiegare il lavoro transitato per il mercato e impiegarne di vergine. Il discorso può sembrare complicato, ma non lo è. Quando paghiamo le tasse non facciamo altro che dare allo Stato una parte di ricchezza che il nostro lavoro ha generato nel mercato. Dunque c'è un doppio passaggio: prima la crescita dell'economia di mercato, poi il finanziamento dell'economia pubblica. Se invece operassimo un corto circuito mettendo il nostro lavoro direttamente a disposizione dell'economia pubblica, potremmo farla funzionare senza bisogno di fare crescere l'economia di mercato. Un concetto semplice, ma che può essere accettato solo con un cambio di mentalità.

Ridateci la comunità

Tassazione del tempo invece che tassazione del reddito. Può sembrare un'idea bizzarra perché non fa parte del nostro orizzonte culturale, ma a ben guardare non è neanche tanto originale: in certi ambiti è già prassi corrente. Un esempio è la nettezza urbana. Il servizio non comincia per strada da parte dei netturbini, ma nelle nostre case. Quando decidiamo di selezionare i rifiuti buttando le bottiglie nel vetro, i giornali nella carta, le vaschette nella plastica, stiamo attuando la prima fase della raccolta: solo se questa è svolta correttamente, tutto il resto procede in modo spedito.

Un altro servizio nel quale capita di inserirci attivamente è quello socio-sanitario. Succede quando teniamo a casa l'anziano allettato e lo assistiamo su insegnamento del personale infermieristico, ma anche quando il servizio sociale ci chiede di accogliere un bimbo in affido. La dimostrazione che certi problemi si risolvono, anzi si prevengono, solo se la comunità è disposta a mettersi in gioco direttamente.

Il 10% degli adulti italiani dichiara di non accontentarsi di contribuire al bene comune solo attraverso i soldi, ma di volere andare oltre mettendo a disposizione anche parte del tempo. Stiamo parlando del milione e 125mila persone che in vario modo fanno volontariato[8]. Nel maggio di ogni anno Legambiente organizza la giornata "Spiagge e fondali puliti". Muniti di sacchi e bastoni, a migliaia si riversano sulle spiagge d'Italia per liberarle da rifiuti e detriti; nel 2014 il bottino ammontò a 25 tonnellate di materiale rimosso.

Il 12 settembre 2009, quand'era ancora sindaco, Matteo Renzi organizzò la stessa iniziativa a Firenze. Lui battezzò la giornata "Un bacione a Firenze", ma più concretamente i fiorentini la chiamarono "ramazza-day". Del resto i sindaci d'Italia lo sanno: con questi chiari di luna o s'inventano qualcosa di nuovo o rischiano di chiudere tutti i servizi. Il nuovo non può chiamarsi che in un modo: partecipazione diretta dei cittadini alla gestione dei servizi. È una questione di buon senso: non tutti hanno del denaro da dare, ma tutti hanno del tempo e delle capacità che possono mettere a disposizione della comunità.

Il Parlamento italiano lo aveva già chiaro nel 1992, quando nella legge istitutiva della protezione civile, la numero 225, previde anche il coinvolgimento delle associazioni di volontariato per la gestione di questo servizio. Una legge del 2014 prevede addirittura la possibilità per i Comuni di accordare riduzioni o esenzioni fiscali in cambio di lavori eseguiti da cittadini singoli o associati per «la pulizia, la manutenzione, l'abbellimento di aree verdi, piazze, strade ovvero interventi di decoro urbano, di recupero e riuso, con finalità di interesse generale»[9].

Benché la proposta di mettere parte del nostro tempo a disposizione della comunità sia di assoluta ragionevolezza, molti hanno difficoltà ad accettarla perché l'associano a situazioni di arretratezza e violenza. La prima immagine che

[8] Ministero del lavoro e delle politiche sociali, "IV Rapporto biennale sul volontariato", vol. II, 2011.

[9] Legge 164 del 2014, art. 24.

si affaccia alla loro mente è quella del lavoro forzato imposto dai regimi dittatoriali: il nazismo in Germania, Pol Pot in Cambogia, i generali in Myanmar.

In realtà il lavoro comunitario ha una lunga tradizione presso molti popoli e culture. Addirittura le popolazioni indie delle Ande hanno tre termini per indicare il lavoro comunitario: *faena* per indicare il lavoro finalizzato alla costruzione di strade, ponti e altre opere di uso collettivo, *ayni* per indicare il lavoro svolto a rotazione a beneficio di singoli, *minska* per indicare il lavoro svolto a favore di qualcuno col preciso intento di impegnarlo a partecipare anche lui ad attività collettive future.

La ragione per cui alcuni popoli vivono il lavoro comunitario con assoluta naturalezza, mentre noi con grande diffidenza, sta nella diversa concezione che abbiamo della dimensione pubblica. Per loro pubblico è sinonimo di comunità; per noi è sinonimo di Stato. La differenza è abissale.

La comunità è un insieme di persone legate tra loro da un rapporto di parentela o altro tipo di legame, con forti momenti di contatto, forti interessi in comune, un forte senso di aiuto reciproco. Le popolazioni indie includono nella comunità anche gli animali, le piante e gli altri elementi naturali del luogo in cui vivono. Certe comunità addirittura le divinità locali.

Lo Stato è un insieme di leggi e di istituzioni che esercitano la propria influenza su un territorio popolato da un certo numero di persone. A seconda della sua forma, lo Stato può essere vissuto come tiranno, come autorità utile, come protettore. Ma sempre come un insieme di autorità e istituzioni: sindaco, presidente della repubblica, giudici, carabinieri, scuola, ospedale. Mai come persone.

Paradossalmente la socialdemocrazia, che si caratterizza per l'attenzione ai diritti, ha contribuito a rafforzare l'idea di Stato e a demolire quella di comunità. L'anomalia si è prodotta perché offrendo ogni forma di tutela, ha fatto venir meno l'esigenza della solidarietà familiare e di vicinato. Per qualsiasi necessità i cittadini hanno un'istituzione a cui rivolgersi ed è tra centro e periferia che si sono rafforzati i rapporti mentre si sono allentate le relazioni, in periferia, tra persone e persone.

Il modello socialdemocratico sta mostrando tutti i suoi limiti. L'idea di poter coprire ogni bisogno attraverso strutture e professionisti pagati si sta dimostrando un'illusione. Addirittura un incubo, perché la rottura dei legami sociali ha generato essa stessa disagi che lo Stato non è in grado di affrontare per carenza di risorse. Alcuni esempi sono le fragilità psichiche, le turbe legate alle disgregazioni familiari, l'abbandono scolastico dei bambini più problematici, la solitudine degli anziani. Tutte situazioni figlie del vuoto sociale che il ritorno della comunità potrebbe prevenire e soccorrere per via naturale.

Prove tecniche di rinascita comunitaria

L'assenza di comunità non funziona neanche per le cose. I beni comuni hanno cominciato a deteriorarsi quando non c'è più stata una comunità che li ha sentiti propri: ciò che è di tutti è diventato di nessuno ed è subentrato il disinteresse sfociato in vandalismo, come mostrano gli edifici pubblici sottoposti a ogni tipo di degrado, le carcasse di televisore abbandonate lungo le strade, l'inquinamento di fiumi e terreni, le costruzioni abusive che deturpano il paesaggio, l'eccesso di cementificazione che scompagina il regime delle acque. In Italia il dissesto idrogeologico interessa l'82% dei Comuni. Sei milioni di persone abitano in territori ad alto pericolo idrogeologico e altri 22 milioni in zone a pericolo medio. Un milione e 260mila edifici, tra cui seimila scuole e 531 ospedali, sono a rischio di frane e alluvioni[10].

[10] F. Brizzo, "Allarme cementificazione dall'Anbi un piano per la riduzione del rischio idrogeologico", *La Stampa*, 3 maggio 2013.

Se vogliamo salvarci dobbiamo superare il concetto di pubblico inteso come istituzioni lontane, separate, oppressive e recuperare l'idea di pubblico come comunità. Il pubblico siamo noi, legati da un forte sentimento di coesione sociale, che collettivamente ci prendiamo cura delle persone e dei beni comuni. Il pubblico comincia appena mettiamo il piede fuori dal nostro appartamento e si estende per cerchi concentrici al condominio, al quartiere, alla città, alla vallata, alla nazione, al mondo.

Compenetrazione economica, ampliamento dei viaggi, interazioni ambientali, danno ragione a Edward Lorenz quando afferma che il batter d'ali di una farfalla nella foresta amazzonica può provocare un uragano nel Texas. Ormai il confine tra locale e globale è diventato così labile che dobbiamo assumerci la responsabilità di presidiare ogni spazio di convivenza: dal quartiere al pianeta.

Ad ogni livello, con strumenti diversi. A quello locale rafforzando i vincoli di comunità; a quello globale informandoci e aggiungendo la nostra voce a quella di chi spinge affinché vengano prese le decisioni più giuste per il pianeta e l'umanità. Tanti livelli, un unico spirito di partecipazione, rispetto, responsabilità.

La prima dimensione da recuperare è quella di condominio e di quartiere. Se solo avessimo la capacità di stringere maggiori relazioni con i vicini, potremmo risolvere tanti piccoli problemi quotidiani che renderebbero la vita più semplice: dal bisogno di un po' di sale perché lo abbiamo finito, alla necessità di lasciare un quarto d'ora il bebé in affido, al bisogno di un arnese in prestito.

Nel settembre 2013 Federico Bastiani, un giovane giornalista residente in via Fondazza, nel centro storico di Bologna, si accorge di non conoscere nessuno dei suoi vicini e se ne duole. Perciò lancia un appello su Facebook per invitare chi abita nella stessa via a formare un gruppo. E per essere certo di non perdersi chi ha poca dimestichezza con i mezzi informatici, affigge anche qualche volantino per strada. In pochi giorni si iscrivono al gruppo più di trecento persone e scoppiano le relazioni. Chi chiede informazioni, chi un consiglio, chi un piacere, chi mette a disposizione un oggetto, una competenza, qualche ora della giornata. E saltano fuori anche degli anziani poco autonomi che hanno bisogno di qualcuno che faccia la spesa per loro o che li aiuti in qualche incombenza domestica. Così, persone che ricevevano solo l'assistenza domiciliare un paio di volte a settimana, ora ricevono tutti i giorni la visita di qualcuno che passa per sapere se hanno bisogno di qualcosa.

L'esperienza di via Fondazza si diffonde in rete e viene replicata in molte altre città. Visto il successo, l'iniziativa si dà un nome: si chiama "*Social street*", strada sociale. Niente di strutturato, solo occasioni di incontro che possono sfociare nelle iniziative più varie: dalla spaghettata comunitaria, alla piccola festa di rione, dal gioco di squadra alla conversazione su un tema di interesse comune.

Intanto, altrove, lo spirito di riappropriazione del territorio ha condotto a un'altra iniziativa. Nel 2004, due amici appassionati di giardinaggio, Michele Trasi e Andrea Zabiello, quasi per gioco piantano in un parchetto semi-deserto vicino a casa una decina di piante di bamboo ad alto fusto in zona Vimodrone, in provincia di Milano. Più tardi scoprono di non essere i soli a cercare di rinverdire la città, che esiste addirittura un movimento mondiale denominato *Guerrilla gardening*, nato nel 1973 negli Stati Uniti. Rimbalzata la notizia in Europa, qualche anno dopo anche in Gran Bretagna si formano squadre di assalto del verde fino ad avere rappresentanze in ogni Paese.

Sull'esempio di Vimodrone, anche a Roma, Torino, Pesaro, si sono formati altri gruppi di guerriglieri verdi, tutti con l'obiettivo di rimodellare e abbellire, con piante e fiori, le aiuole e le zone dimenticate della città strette tra il cemento e l'asfalto. I gruppi agiscono al limite della legalità perché intervengono senza alcuna autorizzazione, ma hanno fatto scuola perché vari Comuni hanno lanciato l'iniziativa "adotta un'aiuola" per stimolare i cittadini a prendersi cura del giardinetto di quartiere.

Comunità imprenditrice di se stessa

Le esperienze di *social street* e di *guerrilla gardening* dimostrano che già cambiando mentalità e stile di vita si possono migliorare le condizioni di se stessi, degli altri e dei beni comuni. Ma è solo il primo passo. Una comunità che voglia garantire ai propri membri il soddisfacimento di tutti i bisogni fondamentali deve anche darsi una forma organizzata di dimensione nazionale, e qui si aprono tre grandi questioni: quale struttura produttiva? Quale lavoro? Quale forma distributiva? Tre aspetti intimamente intrecciati tra loro, ma che per chiarezza espositiva conviene affrontare separatamente.

Buona parte dei compiti assegnati alla comunità nazionale si espletano attraverso servizi. Solo per citare qualche esempio: l'insegnamento, l'assistenza infermieristica, la raccolta della nettezza urbana, la protezione civile. Tutte attività che si realizzano attraverso lavoro diretto. Ma sappiamo che ognuno di essi richiede anche materiali (edifici, farmaci, letti, cibo, macchinari, energia elettrica) e qui si pone la grande domanda: come procurarseli? La scelta fatta fin ora è stata quella di rifornirsi dal mercato che però esige denaro proveniente dal gettito fiscale. Ma come abbiamo visto, questa impostazione crea una grande situazione di dipendenza dalla quale conviene uscire. L'alternativa è dotare la comunità-nazione delle strutture produttive necessarie a fornirle in autonomia tutto ciò che le serve.

A scanso di malintesi, conviene ribadire che non stiamo pensando al ritorno del vecchio Stato capitalista che investiva in non importa quale settore. I cioccolatini non interessano. Le cravatte non interessano. Le auto e men che mai i carri armati, non interessano. Interessano gli alimenti di base, i ferri chirurgici, le locomotive, i tubi dell'acqua. Qualcuno continua a inorridire, ma considerato che per alcuni prodotti la comunità è il principale acquirente, c'è da inorridire del contrario. Un caso emblematico è quello dei farmaci. Il servizio sanitario nazionale assorbe il 75% dei farmaci posti in vendita e sarebbe sicuramente più conveniente per la comunità disporre dei propri stabilimenti farmaceutici e della propria ricerca, piuttosto che regalare profitti alle grandi multinazionali.

Solo ragioni ideologiche negano alla comunità la possibilità di disporre del proprio apparato produttivo, semplicemente perché sottrae spazio al mercato. Ma se dobbiamo metterla sul piano dello scontro ideologico, è bene che i cittadini comincino a chiedersi cosa è più conveniente per loro. Oggi che viviamo in un sistema globalizzato, il mercato non ci assicura più la possibilità di produrre ciò che ci serve sul nostro territorio nazionale. A forza di perdere pezzi potremmo finire per non avere più né lavoro, né struttura pubblica.

Parlando in termini di sicurezza, avrebbe molto più senso che la comunità si organizzasse per conto proprio in modo da produrre, se non tutto, la maggior parte di ciò che le serve. Una comunità intelligente tornerebbe ad avere le proprie fattorie, le proprie cartiere, i propri stabilimenti farmaceutici, le proprie industrie meccaniche, le proprie industrie tessili, i propri cementifici. La comunità nazionale è grande, i servizi che deve fornire sono tanti e articolati, le cose che le servono sono di quantità così ampia da giustificare l'autoproduzione.

Certo l'autosufficienza totale è di difficile perseguimento e la necessità per la comunità di intrattenere rapporti col mercato in una certa misura continuerebbe a sussistere. Per esempio, avrebbe senso che la comunità nazionale producesse i propri convogli ferroviari, le proprie rotaie ferrate, le proprie condutture dell'acqua, ma sarebbe necessario capire se avrebbe senso dotarla anche di proprie acciaierie. Potrebbe darsi che le acciaierie ottimali debbano avere dimensioni tali da risultare sovradimensionate per le esigenze comunitarie, per cui converrebbe lasciarle al mercato.

A meno che non si faccia un altro ragionamento. Considerato che in ogni caso rimarrebbe la necessità di intrattenere rapporti col mercato, in certi settori potrebbe essere conveniente avere volutamente un eccesso di produzione per garantire alla comunità una fonte di entrata in denaro. Non attraverso l'imposizione fiscale, ma attraverso le vendite. Il che suggerisce che in certi settori chiave, la comunità farebbe bene a imporsi addirittura come monopolista. Se la comunità fosse l'unico produttore di energia elettrica, gas, acqua, tutti sarebbero costretti a comprare da lei, mettendole a disposizione il denaro che le servirebbe per comprare sul mercato ciò che non ha convenienza a produrre da sola o che è obbligata a comprare all'estero.

E parlando di monopolio, sarebbe utile che anche certi servizi fossero di competenza esclusiva della comunità affinché sia interesse di tutti che funzionino bene e siano di ottima qualità. Se la sanità è una e per farsi l'appendicite o estirpare il tumore dal cervello non c'è che l'ospedale pubblico, sarà interesse di tutti che il servizio pubblico funzioni bene. Se i ricchi invece possono andarsene nella clinica privata, può esserci il rischio di far precipitare la sanità pubblica verso un livello di serie B solo al servizio dei cittadini più poveri.

Assodato che la comunità deve disporre della propria struttura produttiva, si tratta di capire come organizzarla. O meglio su quali principi fondarla. Premesso che un principio di fondo è la disponibilità alla revisione continua lasciandosi guidare dai risultati e dall'esperienza, si possono comunque individuare sei criteri chiave: coinvolgimento, leggerezza, partecipazione, diffusione, universalità, gratuità.

Il rischio più temuto in ambito pubblico è l'inefficienza sotto forma di lentezza, ritardi, sprechi. I nemici dell'economia di comunità sostengono che si tratta di mali inestirpabili perché hanno a che fare con la natura umana che reagisce solo al bastone o alla carota. In ambito pubblico non essendoci né padroni, né premi – sostengono – cresce la malapianta del menefreghismo e della svogliatezza che fa fallire anche i migliori progetti.

Le mele marce ci sono e sempre ci saranno, ma all'estero ci sono ottimi esempi di economie pubbliche che funzionano perfettamente. Anche in Italia abbiamo casi di eccellenze. Il che dimostra che l'essere umano non è di per sé disonesto e irresponsabile, ma che il suo comportamento è fortemente influenzato dall'educazione e dal contesto. E da questo punto di vista le cose fanno acqua da tutte le parti.

Nella nostra società nessuno educa al bene comune. Dalla televisione, alla scuola, dalla famiglia al posto di lavoro, riceviamo solo stimoli al tornaconto personale, all'arrivismo a suon di gomitate. Solo nella disgrazia la comunità ritrova se stessa. In occasione di terremoti e inondazioni, la gente capisce che la solidarietà è l'unico modo di uscirne e armati di pala e stivali tutti scendono in strada per fare la propria parte. Bisognerebbe rendere abituale ciò che oggi facciamo in via eccezionale.

Neanche il contesto di lavoro, in ambito pubblico, aiuta a

impegnarsi responsabilmente. Spesso è gerarchico, monotono, demotivante. Per lavorare volentieri bisogna sentirsi parte di un progetto condiviso, vedere l'utilità del proprio lavoro, rapportarsi con i destinatari del proprio impegno, avere la consapevolezza che il proprio comportamento ha conseguenze concrete sugli altri. Per cui non è immaginabile un'economia di comunità ben funzionante che non motivi costantemente le persone e soprattutto che non le responsabilizzi attraverso il coinvolgimento.

Solo se tutti i membri dell'unità operativa sanno perché sono lì, quale obiettivo debbono raggiungere, quanto sia importante raggiungerlo, quanto sia strategica la mansione che ciascuno svolge, ci può essere la motivazione per impegnarsi. Motivazione che trova il suo rinforzo se periodicamente si fanno delle riunioni che coinvolgono tutti, dal direttore al portiere, per valutare criticità e risultati, chiede re a ognuno consigli, impegnarsi tutti insieme su traguardi condivisi.

Il che richiama un'altra esigenza che è quella della piccola dimensione o della leggerezza. Ernst Schumacher diceva «l'uomo è piccolo, perciò il piccolo è bello»[11]. E lo sappiamo per esperienza. Nelle megamacchine perdiamo la connotazione di persone e diventiamo dei numeri, degli ingranaggi. Nel gigantismo non si è più controllori, ma controllati, non si è più sovrani, ma esecutori. Giù per questa china il passaggio da esecutori a menefreghisti è breve perché essendo spogliati di ogni responsabilità non si risponde più a se stessi, ma al capo, ossia al bastone e alla carota.

Il coinvolgimento dei lavoratori, oltre a essere una precondizione per il buon funzionamento dei servizi e dei siti produttivi, è un passo importate anche per la soluzione di un altro problema molto dibattuto ai nostri giorni: è il tema del

[11] E.F. Schumacher, *Piccolo è bello*, Mondadori, Milano 1978.

governo dei servizi, di cui molto si è parlato, ad esempio, per gli acquedotti.

Sappiamo che oltre ai responsabili tecnici, servono anche organi di gestione che programmino, indirizzino e sovraintendano l'attività. Ma il problema è chi chiamare a farne parte. La risposta potrebbe essere: tutti coloro che hanno un contatto col servizio, lavoratori in testa. Non è pensabile nessun governo di struttura produttiva pubblica senza il coinvolgimento di chi ci lavora. E subito dopo debbono venire i beneficiari del servizio, sempre diversi a seconda dell'attività. Nel caso dell'acqua, come in quello dei rifiuti o delle strade, i beneficiari sono i cittadini che andrebbero stimolati a formare delle associazioni che li rappresentino all'interno dei comitati di gestione. Nel caso degli ospedali, si può pensare alle associazioni dei malati, mentre per le strutture che producono materiale destinato ai servizi locali si possono ipotizzare rappresentanze dei Comuni.

A Napoli, quando nel 2013 il Comune decise di riportare la gestione dell'acquedotto da una logica privata a una logica pubblica, affidò il governo del servizio, denominato ABC, "Acqua bene comune", a un parlamentino composto da venti membri: cinque lavoratori eletti, cinque utenti sorteggiati, cinque componenti del consiglio comunale e cinque rappresentanti dei movimenti ambientalisti.

Il problema dei comitati di gestione è ancora oggetto di discussione e ha bisogno di rodaggio per trovare tutti gli aggiustamenti necessari, ma si può dire senz'altro che il criterio da seguire è quello della partecipazione. La tendenza deve essere quella di allargare, non di restringere, il ventaglio dei rappresentati ed è interessante che ABC abbia incluso anche le associazioni ambientaliste vista la forte connessione tra acqua e ambiente.

Salendo di livello, oltre al tema della gestione dei singoli servizi e strutture produttive, si pone il problema della programmazione, che significa decidere cosa, dove e come produrre. Un compito squisitamente politico per il quale ancora di più deve valere il principio di partecipazione, ossia del decentramento in modo da portare i livelli decisionali quanto più possibile vicino ai cittadini. In questa logica, la tendenza odierna di accorpare i piccoli Comuni ed eliminare le province appare suicida.

Piena inclusione lavorativa

La piccola dimensione è già stata indicata come elemento di forza per favorire il coinvolgimento dei lavoratori. Ma è una caratteristica importante anche per altre due ragioni. Innanzi tutto per rendere un buon servizio ai cittadini. Oggi si tende a costruire megastrutture spersonalizzanti, che costringono i cittadini a fare chilometri per raggiungerle. E se fino a ieri ogni cittadina aveva il suo piccolo ospedale, con il suo pronto soccorso, il suo reparto di ostetricia, chirurgia e medicina, oggi anche per una piccola ferita bisogna fare chilometri e vivere ore da incubo in un pronto soccorso perennemente intasato. Esito paradossale di un'economia pubblica gestita in chiave aziendalista che sacrifica i cittadini. In una logica di servizio alla persona, le attività pubbliche di uso frequente devono essere garantite in maniera diffusa e capillare per agevolarne l'accesso.

La seconda ragione per cui bisogna puntare a unità operative piccole e diffuse è quella di accorciare le distanze tra casa e lavoro. In un mondo dal volto umano non si deve essere costretti a fare cento chilometri per raggiungere il posto di lavoro. Dovrebbe essere abbastanza vicino da poterci andare agevolmente in bicicletta, addirittura a piedi. Almeno per tre ragioni: per non inquinare, perché la lentezza favorisce l'incontro e il contatto col territorio, per disporre di tempo da dedicare alla famiglia, a se stessi, agli amici.

Il tema è di vitale importanza perché in un'economia improntata a spirito di comunità, saremmo tutti dipendenti pubblici. In altre parole tutti dovremmo passare parte del nostro tempo in un servizio o in una struttura produttiva comunitaria. In questo consiste il principio di universalità fondato sulla convinzione che il capitale di una comunità non è il denaro, ma le persone che la compongono.

Il principio di universalità dovrebbe essere così radicato da essere applicato sia in forma spontanea che regolamentata. *Social street* è una manifestazione spontanea di espressione comunitaria che di fatto svolge anche funzioni di servizio sociale, culturale, ambientale.

Anche la scuola dovrebbe uniformarsi a questo principio educando i ragazzi, fin da piccoli, a prendersi cura del decoro e della pulizia degli ambienti scolastici. Ci sono esperienze di scuole in cui gruppi di allievi sono stati investiti della responsabilità di controllare le luci, lo sgocciolamento dei rubinetti, la separazione dei rifiuti, l'igiene delle aule, e hanno dato ottimi risultati in termini di autoeducazione, di migliore gestione degli edifici, di convivenza scolastica.

Alle superiori e all'università gli allievi potrebbero essere coinvolti anche in attività più impegnative come l'imbiancatura e la cura degli esterni. Di sicuro il loro atteggiamento cambierebbe. Oggi molti fanno i vandali con i beni pubblici perché non rappresentano niente per loro, ma se li curassero, li tratterebbero con più rispetto perché li riconoscerebbero come parte della propria vita.

Il caso della scuola dimostra che il principio di universalità potrebbe anche aiutare a superare l'assurda abitudine oggi esistente di dividere la vita in tre fasce: quella dell'apprendimento, quella del lavoro e quella dell'ozio. I tre aspetti, apprendimento, lavoro e ozio, debbono intrecciarsi in un rapporto armonico, lungo tutta la vita. E come i giovani vanno abituati gradatamente ad assumersi le proprie responsabilità, così gli anziani devono avere la possibilità di ridurre gradualmente il proprio impegno. L'economia di comunità potrebbe offrire questa possibilità permettendo a ogni anziano di decidere volontariamente a quale servizio dedicarsi e per quanto tempo in rapporto alle proprie forze. Già oggi, in molte città, si vedono anziani con la fascia blu al braccio che fermano il traffico in prossimità delle scuole. Ma gli ambiti di impegno potrebbero essere assai più ampi: la cura dei giardini rionali, la riparazione di cartelli stradali, l'accompagnamento a piedi dei bambini a scuola, i piccoli servizi ai malati allettati, il passaggio ai giovani dei propri saperi.

Oltre alle forme spontanee e volontarie legate all'età, dovrebbe esserci la forma obbligatoria di servizio alla comunità valido per tutti gli abili di una certa fascia d'età. Potrebbe essere qualche ora a settimana, qualche giorno al mese, o qualche settimana all'anno trascorsi in un servizio pubblico o in una fabbrica pubblica.

In Italia le persone comprese tra i venti e i 55 anni sono 25 milioni. Proviamo a immaginare quanti bisogni collettivi potrebbero essere soddisfatti chiedendo a ognuno di dedicare alla comunità anche solo dieci ore a settimana. Ne avremmo per mantenere le città come gioielli, per curare boschi e spiagge, per garantire alla scuola tutti gli insegnanti che servono per un insegnamento di qualità, per offrire un servizio socio-sanitario d'eccellenza, ma anche per produrre tutti i materiali che servono alla comunità per assolvere le proprie funzioni.

Finalmente niente più code e liste di attesa perché negli uffici ci sarebbero più impiegati che utenti, negli ambulatori più medici che pazienti, negli studi dentistici più dentisti che gente col mal di denti.

Finalmente disporremmo di tutti i veterinari, vigili sanitari, agronomi, che servono per sostenere gratuitamente i giovani che vogliono tornare in campagna a occuparsi di agricoltura. Gli esperti devono visitare i piccoli produttori, non per fare multe, ma per dare assistenza e consigli. La comunità deve vestire i panni della consigliera amica, non dell'ispettrice tiranna.

Finalmente scomparirebbe anche la fatidica domanda: «Cosa farò dopo gli studi?», che tanto angoscia i nostri giovani. Appena finita la scuola ognuno potrebbe recarsi al locale ufficio di collocamento per le attività pubbliche, dare un'occhiata alla lista dei servizi, scegliere quello che piace di più e il giorno dopo cominciare. Si tratterebbe solo di lavoro part-time, ma che garantirebbe un grande senso di inclusione e una grande sicurezza di vita.

Un nuovo contratto di cittadinanza

Un modello di economia pubblica funzionante col lavoro di tutti, presenterebbe alcuni problemi a cui non è facile dare risposta senza sperimentazione. Un rischio possibile è la carenza di continuità che può diventare particolarmente critica per le funzioni di coordinamento o per le professioni molto specializzate.

Anche la quantità di ore da mettere a disposizione della comunità è un aspetto che andrebbe definito lasciandosi guidare dalla sperimentazione. Potrebbero esserci servizi dove è più funzionale una presenza settimanale o mensile breve, ma continuativa; altri dove sono consigliabili presenze prolungate anche se intervallate da lunghe assenze.

Una situazione da studiare è quella svizzera applicata al servizio militare. Dopo il compimento del diciottesimo anno di età, tutte le persone (uomini e donne) soggette all'obbligo di leva debbono presentarsi presso un centro di reclutamento dell'esercito. I dichiarati idonei, seguono un corso di addestramento che dura dalle 18 alle 21 settimane. Dopodiché vengono richiamati altre sei o sette volte per periodi di addestramento di tre settimane ciascuno. L'obbligo dura grosso modo fino a trent'anni, e chi non si presenta paga una tassa pari al 3% del salario annuale.

L'esempio svizzero può essere fonte di ispirazione sotto vari profili, ma il più interessante è quello che riguarda gli inadempienti, perché può suggerire l'idea di lasciare libero ogni adulto di decidere se dare o meno il suo tempo alla comunità, con obbligo, per chi sceglie di sottrarsi, di versare annualmente un congruo corrispettivo in denaro.

Così arriviamo al sesto e ultimo aspetto riguardante il lavoro di comunità: la gratuità. Nel senso che in cambio di lavoro non si riceve denaro, ma beni e servizi in natura.

Il patto tra comunità e cittadini potrebbe essere semplice. Ogni adulto mette a disposizione qualche giorno al mese o qualche settimana all'anno e in cambio ottiene gratis, dalla culla alla tomba, per sé e i propri familiari, tutti i beni e i servizi offerti dalla comunità.

In concreto, servizi come sanità, istruzione, trasporti urbani e locali, nettezza urbana, servizio radiofonico e televisivo, sarebbero goduti senza alcun esborso di denaro. Non più ticket sanitari, non più tasse di iscrizione a scuola, non più libri da comprare, non più biglietti per autobus e treni locali, non più canoni radio e televisivi.

Invece, per ciò che concerne energia elettrica, acqua, gas, telefono, rispetto ai quali può esserci il rischio di abusi, il patto potrebbe prevedere la gratuità fino a un certo ammontare calcolato come vitale, dopo di che l'applicazione di una tariffa più che proporzionale all'aumentare dei consumi. Nel caso dell'acqua potrebbe essere accesso gratuito fino a quaranta litri al giorno pro capite, dopo di che tariffa crescente per evitare di dare acqua gratis a chi si riempie la piscina.

Un'iniziativa che va in questa direzione è quella assunta nel 2014 da Alessandro Lanfranchi, presidente di Padania

Acque, la società interamente pubblica che gestisce il servizio idrico a Cremona. Sostenuto da un nutrito gruppo di associazioni di consumatori, del volontariato, del sindacato, ha promosso la creazione di una "banca dell'acqua" per venire incontro a chi non ha abbastanza soldi per garantirsi il minimo idrico vitale. In pratica la "banca" riceve in dotazione da Padania Acque, un fondo di centomila euro da utilizzare per coprire le bollette dei morosi, che a loro volta pagheranno con lavoro volontario per servizi utili alla collettività[12]. Una prima esperienza di bene fornito dalla collettività in cambio di tempo.

Ovviamente, la sicurezza di vita comprende anche alimenti di base e vestiario minimo, che la comunità deve mettere a disposizione di ognuno. Naturalmente non il caviale o la giacchetta all'ultima moda, ma gli alimenti energetici fondamentali, alcuni capi di vestiario standardizzati che ognuno potrà personalizzare come vuole. Non cose da prendere per forza, ma un'opportunità che ognuno può cogliere o rifiutare. L'importante è creare le condizioni affinché il minimo vitale non venga a mancare a nessuno.

L'ipotesi potrebbe essere la distribuzione a ogni persona di una tessera annuale ricaricabile che dia accesso a un paniere di base contenente quantità predeterminate di pane, pasta, riso, olio, latte, uova, formaggio, legumi, vestiario. Il che presuppone l'apertura di spacci collettivi per la distribuzione dei beni prodotti nel circuito dell'economia di comunità.

Infine la questione alloggio, che nella soluzione più semplice può prevedere l'assegnazione di appartamenti in comodato d'uso o a riscatto agevolato ai senza casa. Potrebbero essere anche studiate delle soluzioni per fornire gratuitamente i materiali di base per l'autocostruzione, con annessa consulenza. A maggior ragione potrebbero essere previste delle

[12] P. Cacciari, "La banca dell'acqua è pronta", *Left*, dicembre 2014.

modalità di cessione gratuita di materiali per l'autoriparazione e la piccola manutenzione. Esattamente come succede a Marinaleda, piccolo Comune dell'Andalusia, in Spagna. In virtù di una legge regionale approvata nel 1988, il Comune mette a disposizione gratuita terreno, architetto e altri specialisti, mentre la Regione fornisce prestiti agevolati per l'acquisto dei materiali. Alla costruzione pensa la famiglia, che restituisce l'aiuto pubblico con rate mensili di 15 euro[13]. Ecco come fai da te ed economia di comunità possono interagire tra loro.

Per concludere, con una buona dose di fai da te e ciò che ottengono dalla comunità, molti potrebbero decidere di non avere bisogno d'altro e volersi godere il resto del tempo in attività familiari, di cultura, di svago. Altre persone, invece, potrebbero non accontentarsi e decidere di passare parte del loro tempo anche all'interno del mercato, come salariati, imprenditori o soci di cooperative, per assicurarsi i soldi necessari a poter comprare gli optional che l'economia di comunità non fornisce. Ma quale mercato? Alcune indicazioni nel prossimo capitolo.

[13] Pablo Machuga, "Ocho lecciones que deja la gestión de Sánchez Gordillo en Marinaleda", *El Huffington Post*, 11 novembre 2014.

9

Passi di transizione

Stringersi attorno a un progetto comune

Il cambiamento che dobbiamo operare è tutt'altro che semplice. È come trasformare un lupo in agnello. Dunque non solo un cambio di temperamento ma di tutta la fisiologia perché l'uno è carnivoro, l'altro un erbivoro.

Di fronte a una simile impresa molti si danno per vinti e decidono di non volerci neanche provare. Ma non illudiamoci. Questo sistema è destinato a deflagrare perché è impostato su meccanismi che lo portano all'implosione sociale e ambientale. È solo questione di tempo, la grande decisione che dobbiamo prendere è se lasciare che il sistema faccia tutta la sua corsa per andare a schiantarsi a causa della propria cecità, o cercare di fermarlo per evitare un disastro di dimensioni epocali.

In Italia abbiamo un grande potenziale di cambiamento, ma non sappiamo metterlo a frutto perché siamo disgregati. Il nostro primo problema è che non abbiamo un progetto. Sappiamo quali sono i problemi, per alcuni di essi abbiamo anche delle soluzioni, ma non abbiamo sviluppato un progetto d'insieme.

Complice la perdita di creatività e il fallimento del socialismo reale, che ha ucciso la nostra speranza, non abbiamo più osato pensare in termini di trasformazione globale. Anche noi ci siamo adattati all'idea che questo sia l'unico sistema possibile e abbiamo finito per concentrarci solo su obiettivi parziali. Con scarsi risultati, a volte addirittura col peggioramento della nostra condizione perché stimoliamo il sistema ad accelerare i meccanismi che ci danneggiano. Quello del lavoro è un caso di scuola. Oggi che le imprese sono libere di andarsene dove vogliono, abbandonano i Paesi con alti diritti e in particolare quelli dove si resiste di più. E a noi non rimane che scegliere se mantenerci i diritti senza lavoro o se accettare un lavoro senza diritti. Triste destino di chi non affronta le impostazioni di fondo.

Delusi da tanti insuccessi, molti si sono rifugiati nel privato politico. «Se non si riesce a cambiare il sistema, cerchiamo almeno di cambiare noi stessi», è la conclusione a cui molti approdano. Ed è il boom delle buone pratiche a livello individuale e di gruppo: la sobrietà, il consumo critico, il commercio equo e solidale, la finanza etica, il microcredito, i gruppi di acquisto solidale, le cooperative di comunità, le *transition town*. Tutte iniziative fondamentali, ma che corrono il rischio di salvare solo le nostre anime se non diventano parte di un più ampio progetto di cambiamento politico, sociale ed economico, portato avanti tutti insieme.

Un primo passo verso l'unità è valorizzarsi reciprocamente, riconoscere che non esiste un'unica strategia di cambiamento, ma varie, tutte ugualmente importanti. Ognuna con il proprio ruolo, per cui è solo adottandole tutte che abbiamo qualche possibilità di successo. Le buone pratiche, per esempio, hanno il merito di avviare il processo di cambiamento per sostituzione e dimostrazione.

Ogni persona che adotta uno stile di vita sobrio e sostenibile, che si sfila dai meccanismi dominanti per crearne di nuovi, indebolisce il sistema non solo perché gli fa mancare sostegno, ma perché fa nascere al suo interno un'alternativa che se imitata può diventare talmente diffusa da obbligare il sistema a cambiare. Per di più le buone pratiche hanno il pregio della qualità e dell'alta capacità educativa, ma anche il limite della lentezza e della piccola scala. Inducono alla riflessione chi sta intorno e risolvono la situazione dei pochi beneficiati, ma nell'immediato non influiscono sulla condizione dei più. Per ottenere risultati più ampi serve la capacità conflittuale. La capacità, cioè, di porre rivendicazioni e sostenerle con azioni di lotta.

Come si diceva più sopra, bisogna stare attenti a non concentrarsi solo sulle conseguenze ultime delle politiche perseguite dal sistema. Per non risultare perennemente perdenti bisogna saper rimettere in discussione le scelte nevralgiche che portano a conseguenze tanto nefaste da un punto di vista sociale e ambientale.

Ancora più importante è vigilare per prevenire l'adozione di scelte che peggiorano la situazione. Purtroppo il piano su cui spostarsi è sempre più internazionale perché in un sistema globalizzato è a questo livello che si prendono le scelte strategiche.

Nell'ambito delle iniziative possibili, non può essere dimenticata l'attività politica classica, che pone una grande domanda: essere o non essere presenti nelle istituzioni? Il tema è troppo ampio per essere affrontato in poco spazio, ma se c'è un ambito su cui fare una riflessione seria, questo è quello locale. È importante governare i Comuni, non solo perché rappresentano la base della comunità e perché nel piccolo è più facile avviare progetti innovativi. È importante governarli anche perché nei Comuni si decidono le sorti dei servizi pubblici. Tariffe, forme di gestione, grado di trasparenza sono decisioni prese dai sindaci, che possono scegliere tra servizi privatizzati, amministrati nella più assoluta opacità a beneficio degli azionisti, o servizi a gestione pubblica, amministrati in totale trasparenza a beneficio dei cittadini.

Solo se queste tre strategie – buone pratiche, lotte per i diritti, presenza nelle istituzioni – operano in sinergia tra loro, possiamo sperare di raggiungere qualche risultato. Oggi invece ci muoviamo in ordine sparso. Benché accomunati da medesimi valori e aspirazioni, siamo divisi per scopi e modalità d'azione. Alla fine non ci riconosciamo neanche parenti, semplicemente perché ci manca un progetto comune. Ma come dotarcene?

Il primo obiettivo da perseguire è l'avvio di un ampio confronto lillipuziano sulle cause scatenanti dei grandi problemi che abbiamo di fronte, individuare gli assi portanti degli obiettivi sociali e ambientali che vogliamo perseguire, abbozzare un progetto di società che possa metterci in grado di raggiungere gli obiettivi condivisi, delineare una strategia di transizione.

Un progetto ci è fondamentale non solo per ritrovare l'unità, ma anche per diventare più convincenti di fronte all'opinione pubblica. Troppo spesso, pur condividendo le nostre denunce e le nostre aspirazioni, la gente ci gira le spalle perché non trova in noi una proposta alternativa al tempo stesso coerente e complessiva.

Del resto, un progetto ci serve anche per definire la politica del giorno per giorno. Senza un'idea di società giocheremo sempre in difesa, non faremo che cercare di rattoppare le falle create dal sistema. Per di più, nell'angoscia di trovare soluzioni immediate, faremo sempre proposte che stanno dentro la sua logica. Invece dovremmo essere capaci di dimostrare che la nostra visione non solo garantisce un futuro, ma consente di dare risposte ai problemi di sopravvivenza immediata che ormai il sistema non risolve più.

Limitare lo strapotere delle imprese

Dopo aver definito verso dove vogliamo andare, dobbiamo dotarci di un piano per passare da questa società all'altra che vogliamo costruire. Più precisamente, bisogna individuare quali trasformazioni introdurre per instradare il sistema verso la nuova direzione. I grandi ambiti su cui concentrarci sono il mercato e l'economia pubblica. Il primo va contenuto, la seconda va sviluppata, trasformata e tirata fuori da una serie di guai che la stanno massacrando. Cominciamo dal primo.

Oggi il mercato pretende di agire senza regole e pretende che le poche norme esistenti si adattino alle sue logiche. L'articolo 41 della nostra Costituzione afferma che «L'iniziativa economica privata è libera», ma aggiunge: «Non può svolgersi in contrasto con l'utilità sociale o in modo da recare danno alla sicurezza, alla libertà, alla dignità umana».

Un primo punto per rimanere nel perimetro costituzionale riguarda le dimensioni. Nessuna impresa può essere così grande da diventare padrona assoluta della situazione: l'unico monopolista ammissibile è la comunità che non lavora per il profitto, ma per il bene di tutti. Quando a diventare monopolista è l'azienda privata, è forte il rischio che usi la sua posizione dominante per imporre i prezzi e le regole che più le convengono per strizzare meglio i consumatori. In definitiva, è il trionfo dell'angheria.

In Italia esiste addirittura un'autorità per impedire la concentrazione e la formazione di posizioni dominanti. Si chiama Autorità garante della concorrenza e del mercato (Agcm), e ci costa una cinquantina di milioni l'anno, ma non si capisce che ci stia a fare dal momento che i colossi continuano a crescere. Valga come esempio il settore della telefonia fissa dove Telecom controlla il 63% del mercato o quello del gas dove tre gruppi (Eni, Edison ed Enel) controllano il 75% delle importazioni.

Il trucco c'è, ma non si vede. In Italia la legge non vieta la posizione dominante in quanto tale, ma il suo abuso (art. 3 della legge n. 287/90). Una nota dell' Autorità garante precisa: «Il fatto che un'impresa raggiunga grandi dimensioni non distorce di per sé il mercato: talvolta, per operare in modo efficiente, è infatti necessario essere attivi su larga scala o in più mercati».

È la solita vecchia storia che permette alle aziende di diventare sempre più forti finché, una volta indomabili, si afferma che non c'è nient'altro da fare se non sottomettersi ai loro dettami. È successo con la globalizzazione, è successo con la finanza, ma ora basta prenderci in giro. La legge deve fissare le quote di mercato che nessuna impresa può oltrepassare, affinché lo scenario sia composto da tante piccole imprese controllabili dai movimenti dei cittadini e dalle autorità pubbliche.

Per ragioni di equilibrio opposto, e cioè che ci siano troppi soggetti che si contendono un numero di consumatori troppo basso, è altrettanto necessario che l'apertura di negozi ed esercizi pubblici sia soggetta a un'autorizzazione da parte delle autorità locali. In assenza di supervisione, troppi negozi aprono e chiudono in poco tempo perché si sono inseriti in mercati sovraffollati. Qualcuno che eviti l'inutile massacro di imprenditori improvvisati o che tuteli i deboli contro l'arrivo dei grandi avvoltoi deve pur esserci.

È l'impresa, concepita come struttura d'assalto del mercato-mondo per crescere sempre di più a spese delle altre, che ha bisogno di essere grande, tuttavia, in una logica di impresa che ha come funzione primaria quella di produrre per soddisfare le richieste delle persone, il mercato di riferimento deve essere quello locale. Per cui bisogna mantenere dimensioni compatibili con la dimensione locale e contemporaneamente essere protetti dalle invasioni altrui. Una strada possibile è la tassa sulla distanza esposta più avanti.

Collegati al problema della dimensione ce ne sono almeno altri due che vale la pena citare. Il primo è quello della proprietà, che in una logica di democrazia deve corrispondere il più possibile con chi lavora. Per questo sono da privilegiare le forme cooperative anche in ambito bancario, che deve smettere di concepirsi come un covo di truffatori a caccia di risparmiatori da spennare e tornare a svolgere la sua funzione tradizionale di concessione di crediti.

Il secondo tema è quello della residenza, che espresso in maniera più chiara significa divieto di utilizzo dei paradisi fiscali. Paesi, cioè, con alto grado di segretezza e agevolazione fiscale tanto amati dalle imprese perché consentono di sottrarsi agli obblighi fiscali di casa propria e commettere altri generi di porcherie. Alcuni esempi sono Liechtenstein, Bermuda, Bahamas, Vanuatu, piccoli territori con più società che abitanti. Le British Virgin Islands, per esempio, ospitano 700.000 società straniere, mentre Cayman, un arcipelago di tre isolette nei Caraibi, è il quinto centro bancario del mondo per un valore di circa 1.500 miliardi di dollari. Ovviamente i paradisi fiscali sono terra di approdo di soldi provenienti da droga, traffico illegale di armi e corruzione, ma ci arrivano anche tanti soldi puliti con l'unico scopo di evadere il fisco di casa propria. Il tutto in forma estremamente organizzata.

Nel novembre 2014 un gruppo di giornalisti ha scoperto l'esistenza di 343 accordi segreti, tra multinazionali e autorità lussemburghesi, stipulati allo scopo di garantire trattamenti fiscali di favore sui profitti trasferiti nel Granducato. Oltre a multinazionali di fama internazionale – come Amazon, Ikea, Pepsi, Procter & Gamble, Walt Disney – la lista comprende anche società italiane, tra cui Telecom, Finmeccanica, UniCredit, Sanpaolo[1].

[1] The International Consortium of Investigative Journalists, "Luxembourg Leaks", novembre 2014.

Secondo l'associazione Tax Justice, nei paradisi fiscali trovano rifugio valori per oltre trentamila miliardi di dollari che permettono ai loro detentori di risparmiare ogni anno tra i 200 e i 280 miliardi di dollari per mancato pagamento di tasse. Si calcola che il governo degli Stati Uniti perda ogni anno settanta miliardi di dollari per la capacità delle imprese di fare apparire i loro guadagni nei paradisi fiscali[2]. Quanto all'Italia, la Guardia di Finanza ha calcolato che nel 2013 i soldi sottratti al fisco grazie al ricorso ai paradisi fiscali sono stati quindici miliardi[3].

Si sa che l'armamentario usato dalle imprese per evadere è ampio e raffinato, ma la legge spesso le agevola permettendo certe operazioni. Per esempio, offre la possibilità di costituire fiduciarie che consentono ai veri proprietari di nascondersi dietro a professionisti prestanome, oppure di costituire società in Lussemburgo, Olanda, Isole del canale e altri paradisi fiscali. Secondo la Guardia di Finanza, dei quindici miliardi evasi nel 2013, ben otto hanno utilizzato come meccanismo l'esterovestizione della residenza, ossia la registrazione all'estero di società fantasma che non hanno nessuna altra funzione se non quella di trasferire guadagni nei paradisi fiscali.

Nel gennaio 2014 il noto cantante Tiziano Ferro è stato riconosciuto colpevole dalla Commissione tributaria regionale del Lazio di avere evaso tasse per tre milioni di euro tramite il trasferimento fittizio della residenza in Gran Bretagna[4]. Un pesce piccolo rimasto in rete, mentre i grandi sono lasciati in libertà.

[2] J. Henry, "The price of offshore revisited", Tax Justice Network 2012.

[3] M. Mobili, "Evasione 'estera' a 15 miliardi", *Il Sole 24 Ore*, 24 gennaio 2014.

[4] "Tiziano Ferro confermata evasione fiscale per 3 milioni: 'residenza fittizia in UK'", *Il fatto quotidiano*, 25 gennaio 2014.

Imporre il rispetto ambientale

Un altro grande tema su cui le imprese vanno controllate da vicino, per obbligarle a comportamenti più responsabili, è quello ambientale. Con tre obiettivi: ridurre il consumo di risorse, ridurre la produzione di rifiuti, ridurre le emissioni di inquinanti.

Gli apologeti del capitalismo si sforzano di dirci che è possibile ridurre nella crescita, ma si tratta di deliri da parte di soggetti che Giorgio Nebbia ha definito «corridori ciechi». Salvo scoprire che sono peggio dei deliranti. Sono degli imbroglioni che giocano sul malinteso: mentre noi pensiamo all'insieme di risorse consumate e dei rifiuti prodotti, loro si riferiscono all'ecoefficienza, ossia alla quantità di materia per unità di prodotto. E siccome la tecnologia riesce a produrre oggetti sempre più leggeri, questa è la ragione per cui si sentono autorizzati a fare quell'affermazione tanto contraddittoria.

L'ecoefficienza è un passaggio obbligato della sostenibilità, ma non serve a molto se non si accompagna a una limitazione dei consumi. È inutile ridurre la quantità di materiale per singolo prodotto se poi aumenta la quantità complessiva dei prodotti consumati. Come ha osservato l'economista Herman Daly: «Riuscire a produrre con maggiore efficienza ciò che non andrebbe prodotto affatto, non è un motivo per rallegrarsi».

In un'economia dalle sicurezze garantite da una forte e ben organizzata economia di comunità, non si dovrebbe avere paura a frenare la produzione di *optional* da parte del mercato. Come non si dovrebbe aver paura di imporre la produzione di oggetti fatti per durare. Quando, nel 1895, il venditore ambulante King Camp Gillette inventò le lamette monouso, è stato come aprire una diga. Le imprese hanno capito che gli affari non si fanno con oggetti solidi e riparabili, ma con prodotti deboli da gettare al primo guasto. Così hanno inventato l'obsolescenza programmata, la fabbricazione di beni con durata di funzionamento predefinita.

Nel 2013 il gruppo verde al parlamento tedesco ha commissionato una ricerca, dalla quale è emerso che numerosi oggetti di uso quotidiano, tra cui gli elettrodomestici, sono programmati per rompersi appena finisce il periodo di garanzia[5]. Per esempio, molto spesso le barre di riscaldamento delle lavatrici sono realizzate con leghe e/o metalli che si arrugginiscono facilmente, e poiché la loro sostituzione risulta antieconomica, il cliente alla fine preferisce comprare una nuova lavatrice.

Queste pratiche suicide sono possibili perché vige il principio "profitti privati, costi pubblici". In altre parole, le imprese incassano i guadagni, la collettività sostiene le spese di smaltimento delle carcasse. Le cose cambierebbero se le aziende sapessero che a fine vita, i rottami tornano a loro. Per questo bisogna sancire il principio che i rifiuti sono delle imprese produttrici che hanno l'obbligo di riprendersi i loro prodotti non più funzionanti e di smaltirli a proprie spese.

Un altro intervento da prendere è contro la pubblicità. Nel 2013 a livello mondiale si sono spesi a questo scopo 516 miliardi di dollari. In Italia 7,6 miliardi di euro che fa quasi 21 milioni al giorno, ossia 875mila l'ora[6]. Soldi spesi non per informarci, ma per procurarci bisogni che non abbiamo mai avvertito per poi sentirli come irrefrenabili.

La pubblicità va fermata perché è dannosa. Nel novembre 2006 a Istanbul si è svolto un importante incontro internazionale al quale hanno partecipato ministri e scienziati di tutta Europa per discutere di un tema che non è legato alla scarsità, ma all'eccesso. Quel tema si chiama obesità, una condizione che a livello mondiale coinvolge un miliardo di persone, tante quanti sono gli affamati e i denutriti. L'eccesso di

[5] "Gutachten 'Geplante Obsoleszenz'", Arge Regio, 20 marzo 2013.
[6] Elaborazione dati Nielsen, "Economic and media outlook 2013".

peso e l'obesità favoriscono l'insorgere di numerose patologie tra cui il diabete, l'infarto, l'ipertensione arteriosa, l'ictus cerebrale.

I medici concordano che per evitare il sovrappeso ci vuole l'esercizio fisico, ma ci dicono anche di eliminare tutti quei prodotti che l'industria alimentare ha inventato per arricchire se stessa contro la salute delle persone. In cima alla lista ci sono le bevande colorate e zuccherate: la lattina media di una bibita analcolica gassata non dietetica contiene 38 grammi (pari a 150 calorie) di dolcificanti aggiunti. Subito dopo vengono le merendine e gli snack, perché contengono zuccheri e grassi di cattiva qualità, perché hanno un costo esagerato rispetto al loro valore alimentare, perché contribuiscono alla produzione di rifiuti, perché plagiano i bambini. In Italia è stato calcolato che, durante le trasmissioni televisive del pomeriggio, viene "sparato" uno spot ogni cinque minuti.

Non si può continuare a dare licenza alle imprese di fabbricare prodotti nocivi, e poterli pure reclamizzare, per poi obbligare la comunità a spendere miliardi di euro per rimediare i danni provocati. Il 7% della spesa sanitaria europea è impiegata nella cura di patologie connesse all'obesità[7]. Ed è solo un esempio.

Un'altra situazione gravida di conseguenze è il gioco d'azzardo, un'industria che in Italia fattura 76 miliardi l'anno. Il suo armamentario comprende scommesse su eventi sportivi, lotterie, gratta e vinci, giochi online, 400mila slotmachine, una ogni 150 abitanti. E lo Stato da solo spende ogni anno 23 milioni di euro in pubblicità per invitare i cittadini a rischiare i loro denari[8]. Salvo doverne tirare fuori altrettanti per curare le ottocentomila persone dipendenti da gioco d'azzardo e soccorrere le loro famiglie rovinate dai debiti.

[7] A. Spinelli, P. Nardone, "Obesità infantile: l'Action Plan europeo 2014-2020", Ministero della Salute, 3 aprile 2014.

[8] D. Poto, "Azzardopoli", dossier di Libera, 9 gennaio 2012.

Un modo per ridurre la pubblicità è quello di tassarla. Le tasse devono assumere sempre di più il ruolo di orientamento dei comportamenti individuali e di impresa. Per esempio, si potrebbero immaginare manovre fiscali e creditizie per orientare gli investimenti. Supertasse per scoraggiare l'avvio di attività produttive decisamente in contrasto con l'interesse collettivo. Esenzioni e sovvenzioni per incoraggiare quelle favorevoli all'ambiente (esempio agricoltura biologica) e al rispetto sociale (esempio cooperative sociali). Allo stesso modo si potrebbero prevedere sovrattasse sulle materie prime vergini e forme di detassazione per i materiali provenienti da riciclaggio.

Localizzare la produzione, globalizzare i diritti

Un'altra preoccupazione di tipo ambientale legata all'attività economica è quella delle distanze. Oggi che il mercato di riferimento è il mondo intero, un numero crescente di merci e semilavorati si muove da un capo all'altro del mondo non per rispondere alle carenze dei singoli territori, ma ai calcoli di guadagno delle imprese. Ed ecco posti di lavoro che se ne vanno in fumo e quantità crescenti di petrolio che se ne vanno in anidride carbonica.

La stessa Unione Europea nasce per permettere alle grandi imprese di disporre di un'area mercantile più ampia dei singoli mercati nazionali. All'inizio la strategia perseguita si limitava all'abbattimento dei dazi doganali, poi è stata introdotta anche la moneta unica per agevolare ulteriormente l'espansione commerciale. Ma ad avvantaggiarsene sono state le imprese più forti, soprattutto quelle tedesche, che hanno avuto buon gioco a sottrarre mercato alle imprese più deboli, specie quelle dell'Europa meridionale. Così abbiamo scoperto che adottare una moneta unica in un regime di concorrenza selvaggia è come aprire le gabbie dello zoo: le bestie più forti entrano in quelle delle bestie più deboli e si portano via il loro cibo.

Purtroppo l'Italia ne sa qualcosa con tutti i governi impegnati a ridurre diritti e costo del lavoro per fare risalire la competitività delle imprese tricolori. Situazione ulteriormente aggravata dal fatto che nell'economia globale le imprese di tutto il mondo stanno cercando di abbattere i costi esportando la produzione dove i salari sono sotto la soglia di povertà e i diritti inesistenti. Ed ecco Cina, India, ed altri Paesi a basso reddito pro capite eletti a fabbriche del mondo, in base all'unico criterio di abbattimento dei costi di produzione.

Ma in un mondo normale ogni regione dovrebbe produrre ciò che serve ai propri abitanti, limitandosi a importare ed esportare quanto non si trova sul territorio o richiede una specializzazione eccezionalmente rara. Per cui dobbiamo dare nuove regole all'economia globale, ma anche all'Europa, affinché vengano perseguiti due grandi obiettivi: il ritorno alle economie locali e la tutela dei diritti dei lavoratori.

Ancora una volta le istituzioni pubbliche potrebbero svolgere un ruolo determinante per un obiettivo e per l'altro. Per favorire l'economia locale potrebbero istituire monete a dimensione regionale parallele a quella nazionale o continentale, potrebbero riformare il sistema degli appalti pubblici privilegiando le imprese del territorio, potrebbero promuovere la nascita di imprese locali ad azionariato popolare, potrebbero favorire l'incontro tra produttori e consumatori tramite l'istituzione di marchi locali e punti vendita dedicati. Ma potrebbero anche applicare una tassa sulla distanza. Più alta la somma dei chilometri percorsi dai vari elementi che compongono il prodotto, più alta la tassa. E se dovesse risultare penalizzante per Paesi che invece vanno aiutati, la partita potrebbe essere compensata sul versante della cooperazione. Senza considerare che la tassa potrebbe essere modulata in modo da esonerare i prodotti di Paesi particolarmente svantaggiati purché ottenuti secondo criteri di rispetto ambientale e dei diritti dei lavoratori. Bisognerà pur cominciare a prevedere regimi differenziati in base alla qualità sociale e ambientale di beni e servizi.

Le multinazionali tireranno fuori ogni sorta di obiezione per sostenere che si tratta di proposte tecnicamente inattuabili, ma la capacità di trovare soluzioni tecniche dipende dalla convinzione politica. Oggi né le imprese, né le istituzioni considerano ambiente e diritti una priorità. Al contrario, credono che le imprese debbano avere la libertà di calpestarli in nome dei soldi. Per cui le soluzioni non verranno neanche cercate.

Eppure, in ambito lavorativo ci sarebbe un modo per riportare la concorrenza nel perimetro dei diritti. Basterebbe inserire nei trattati internazionali l'obbligo di rispetto del *salario vivibile*, un concetto relativamente moderno come metodo di calcolo, ma piuttosto antico sul piano del principio. La stessa Costituzione italiana lo prevede all'articolo 36: «Il lavoratore ha diritto ad una retribuzione proporzionata alla quantità e qualità del suo lavoro e in ogni caso sufficiente ad assicurare a sé e alla famiglia un'esistenza libera e dignitosa».

Anche l'articolo 23 della Dichiarazione universale dei diritti umani, approvata nel 1948, afferma che il lavoratore «ha diritto ad una rimunerazione equa e soddisfacente che assicuri a lui stesso e alla sua famiglia una esistenza conforme alla dignità umana ed integrata, se necessario, da altri mezzi di protezione sociale». Parole al vento. L'Oil, Organizzazione internazionale del lavoro, ci informa che nel mondo, su un totale di 3,1 miliardi di persone occupate (salariate e no), quasi la metà sono *working poor*, ossia lavoratori con redditi al di sotto della soglia della povertà. 839 milioni (26,7%) con meno di due dollari al giorno e 375 milioni (11,9%) addirittura con meno di 1,25 dollari al giorno[9].

Pur con altri parametri di riferimento, anche nei Paesi a tradizione industriale il fenomeno dei *working poor* si sta espandendo. Stando ai dati forniti da Eurofound, nel 2007 l'8% dei lavoratori dell'Unione Europea, era a rischio povertà, nel senso che guadagnava meno del 60% della media salariale nazionale. L'Italia si trova sopra la media europea con un 10% di lavoratori considerati *working poor*[10].

In teoria, la legge dovrebbe rappresentare il baluardo a difesa del salario dignitoso fissando dei salari minimi legali che tutte le aziende debbono rispettare. Ma la convenzione Oil n. 131 del 1970, che disciplina il tema, è piuttosto sfuggente e molti Paesi hanno fissato salari minimi ben al di sotto del concetto di dignità. Il Paese che oltrepassa ogni limite è il Bangladesh con 1,67 euro al giorno, seguito dall'India con 1,72 euro. Quanto ai Paesi europei, il primato al ribasso lo vince la Moldavia con 2,36 euro al giorno, seguita da Ucraina (2,66), Romania (4,43), Bulgaria (4,60), Serbia (6,30)[11].

Di fronte a tale oltraggio, nel 2007 si è costituito l'Asia Floor Wage Alliance, un coordinamento di organizzazioni di vario genere, non solo asiatiche ma anche europee e nordamericanc, con l'intento di riportare il tema nei binari del rispetto. La prima grande affermazione è stata che, per essere dignitoso, il salario deve essere vivibile, ossia deve essere sufficiente a permettere al singolo lavoratore e ai suoi familiari (partner e due figli) di far fronte ai bisogni fondamentali identificabili con cibo, alloggio, vestiario, sanità, energia, trasporti, istruzione. Dopo di che hanno messo a punto un metodo di calcolo valido per ogni Paese. Tenuto conto del li-

[9] ILO, "Global Employment Trends 2014".

[10] Eurofound, "Working poor in Europe", 2010.

[11] Clean Clothes Campaign, "Stitched up", giugno 2014.

vello dei prezzi, è venuto fuori che in Bangladesh il salario vivibile si attesta a 260 euro al mese contro i 50 previsti come salario minimo legale. In Moldavia si attesta a 316 euro contro 71, in Turchia a 1002 contro 252[12]. In Italia varia da 1190 a 1648 euro a seconda della zona di residenza[13]. Non è possibile un confronto con il salario minimo legale perché questo istituto in Italia non è previsto.

Il salario vivibile non è una chimera. Ci vuole solo la volontà della politica di schierarsi una volta tanto dalla parte dei lavoratori, imponendo alle imprese almeno due obblighi. Il primo: la dichiarazione, sotto propria responsabilità, che le merci importate o commercializzate con marchio proprio, provengono da lavorazioni retribuite con salari vivibili. Il secondo: la pubblicazione della lista completa dei propri fornitori per permettere verifiche da parte di sindacati, associazioni e altri organi di controllo. Spesso la trasparenza è una misura sufficiente a stimolare il rispetto delle regole, ma dove non dovesse bastare, potrebbero scattare sanzioni per le dichiarazioni mendaci.

Senza voler andare oltre nei dettagli, merita aggiungere che a livello di Unione Europea l'armonizzazione dovrebbe estendersi anche agli oneri sociali, ossia ai prelievi per fini previdenziali. Un costo del lavoro più omogeneo da un capo all'altro d'Europa ridurrebbe gli spazi di concorrenza selvaggia. Se poi ai Paesi forti, con eccesso di esportazioni, venisse imposto l'obbligo di innalzare i propri salari, si ridurrebbero i contraccolpi della moneta unica. Un'altra dimostrazione che il problema non sono le soluzioni tecniche, ma da quale parte si sceglie di stare.

[12] Ivi.

[13] www.istat.it/it/prodotti/contenuti-interattivi/calcolatori/soglia-di-poverta

Se da una parte dobbiamo cercare di correggere i trattati esistenti, dall'altra bisogna evitare che ne vengano firmati di nuovi che abbassano ulteriormente diritti e tutele. Tipico il Ttip, il trattato di libero scambio tra Unione Europea e Stati Uniti.

Ma un altro nodo da prendere di petto è quello del debito pubblico, usato come grimaldello per spogliarci di ogni diritto, servizio e bene comune. La parola d'ordine è "austerità", che si traduce in più tasse, meno spese, corsa alle privatizzazioni. E mentre i Comuni sono stati delegati al lavoro sporco di esattori governativi, i soldi a loro disposizione sono sempre più scarsi fino a non avere di che pagare i servizi essenziali. Perciò tagliano, appaltano, vendono, per la gioia del mercato ansioso di mettere la mani su servizi irrinunciabili come acqua e rifiuti.

Cosa sia ancora rimasto del patrimonio pubblico nessuno lo sa. Qualunque sia il suo ammontare, va assolutamente difeso. Più lo Stato si spoglia, più diventa difficile raggiungere l'obiettivo di autonomia che la comunità deve perseguire per invertire il senso di marcia dell'intera economia. Ecco una ragione fondamentale per cui va trovata una strategia di uscita dal debito, alternativa all'austerità. E non è l'unica.

Il debito pubblico rappresenta un vero salasso per il popolo italiano. Ogni anno lo Stato sottrae ai cittadini dagli 80 ai 90 miliardi di euro per regalarli ai più ricchi sotto forma di interessi. Un'operazione che, oltre ad aggravare le disuguaglianze, provoca disoccupazione perché deprime i consumi di Stato e famiglie. Ma benché tutti sappiano che l'austerità è dannosa per il sistema stesso, nessuno osa metterla in discussione come se il paradigma thatcheriano «there is no alternative», non ci sono alternative, si fosse impadronito di tutti noi.

E invece no: l'alternativa esiste, ma bisogna essere disposti a far pagare i forti. Se si smettesse di avere come unica prospettiva la difesa dei creditori e delle classi più ricche, emergerebbero almeno tre strade per raggiungere il pareggio di bilancio senza sacrificare i cittadini. La prima è una seria riforma del sistema fiscale. Da trent'anni in Italia si persegue una politica che spara sempre nel mucchio per agevolare le classi più ricche. Basti dire che l'80% del gettito Irpef (reddito delle persone fisiche) proviene da salari e pensioni e che lo scaglione più alto è stato ribassato dal 72% oltre i 250 mila euro al 43% oltre i 75 mila euro. Un vero insulto al principio di progressività previsto dall'articolo 53 della Costituzione, ulteriormente minato dal proliferare di tassazioni separate di tipo forfettario e dalla mancanza di un'imposta patrimoniale, se non quella sulla casa che ha finito per trasformarsi in un'odiosa tassa sul diritto all'alloggio. I soldi vanno presi dove sono, ossia ai più ricchi. Per cui serve una seria progressività non solo sui redditi, ma anche sui patrimoni che vanno considerati in maniera cumulativa. Un modello potrebbe essere quello francese, che prevede tre scaglioni a partire da un valore base di 800mila euro.

Ma va considerata anche un'imposta patrimoniale straordinaria, magari sotto forma di prestito forzoso. Prelievi effettuati con l'impegno di restituzione a trent'anni, in cambio di tassi di interesse molto bassi o nulli, in base all'andamento delle finanze pubbliche. Un modo per interrompere il ricorso alle banche e sottrarsi alla tirannia dello spread.

E se le prime due strategie non dovessero mostrarsi sufficienti, dovremmo avere il coraggio di attuarne anche una terza. Dovremmo usare la nostra sovranità legislativa per autoridurci gli interessi, o addirittura per congelarli. Non è una strada impossibile, né verrebbe giù il mondo, come gli artefici del sistema vogliono farci credere. Succederebbe semplicemente che i più ricchi ci rimetterebbero un po', mentre ci guadagnerebbe la comunità e soprattutto i disoccupati. Se dirottassimo verso il lavoro gli ottanta miliardi che oggi spendiamo per interessi, potremmo assumere subito tre milioni di persone per un salario netto di mille euro al mese.

Tre milioni di persone per avviare un grande piano di recupero del patrimonio edilizio pubblico, per rimettere in sicurezza il nostro territorio dal punto di vista idrogeologico, per rafforzare la scuola, la sanità, la ricerca, per riparare e rafforzare le infrastrutture locali come la rete idrica e i tronconi ferroviari, per operare un grande piano di conversione verso le energie alternative, e una grande operazione di recupero e riciclo dei rifiuti in ogni Comune d'Italia. In altre parole per avviare il grande processo di conversione ecologica e comunitaria di cui abbiamo così grande bisogno.

Certo, se disponessimo di una banca centrale europea amica dei governi, potremmo evitare misure tanto drastiche, o quanto meno potremmo attuarne di più attenuate. Basterebbe che ci mettesse lei a disposizione la liquidità necessaria, ma oggi la Banca centrale europea ha divieto assoluto di prestare soldi direttamente ai governi. Per cui o eliminiamo il divieto o ci inventiamo altro. Oppure facciamo entrambe le cose: cerchiamo di togliere il divieto e nel frattempo ci inventiamo altro.

L'altro che potremmo inventarci è l'assunzione immediata di due milioni di persone pagandole con cambiali di Stato. Titoli che altri chiamano "certificati di credito fiscale" perché a differenza delle cambiali classiche non si trasformano mai in euro, ma sono utilizzabili per pagare le tasse. E proprio perché utilizzabili ai fini fiscali avrebbero circolazione garantita[14]. In altre parole si tratterebbe di strumenti capaci di assolvere a tutte le funzioni classiche della moneta, ma aven-

[14] Per approfondimenti cfr. F. Gesualdi, *Le catene del debito*, cit., e M. Cattaneo, G. Zibordi, *La soluzione per l'euro*, Hoepli, Milano 2014.

do altri connotati giuridici non entrerebbero in contrasto con i trattati europei, per cui l'Unione Europea non potrebbe opporsi.

In ogni caso dovremmo batterci per l'istituzione del servizio civile obbligatorio della durata di sei mesi o un anno, imposto a tutti i ventenni, uomini e donne, per attività al servizio della persona, di salvaguardia del territorio, di protezione civile. Se è vero che la strada per coniugare diritti e sobrietà passa attraverso la partecipazione diretta ai servizi pubblici, allora il servizio civile obbligatorio è un modo per cominciare. Un modo per uscire dalla gabbia individualista, dentro la quale il troppo avere ci ha rinchiuso, e tornare a respirare l'aria buona della comunità.

APPENDICE

Economisti, basta ingannarci

Caro economista,

il compito che ci attende è immane, serve il contributo di tutti, compreso il tuo. Per questo mi rivolgo a te con un appello scusandomi se le mie parole potranno sembrarti irriverenti, ma il momento è grave, non c'è più spazio per le etichette.

Le macerie sociali e ambientali affiorano ovunque. Disoccupazione e povertà non accennano a diminuire, le disuguaglianze hanno raggiunto picchi mai visti nella storia dell'umanità, i processi naturali sono talmente sovvertiti da mettere a rischio la nostra stessa sopravvivenza. Ma tu continui a dirci che ci troviamo nel migliore dei mondi possibili. Addirittura che non esiste altro sistema all'infuori di questo.

Perciò mi rivolgo a te con una preghiera, addirittura una supplica. Ti chiedo di smettere di ingannarci. A partire dalla tua funzione.

A te piace presentarti come un ricercatore, uno scienziato asettico del sistema economico. Ti piace paragonarti al naturalista che studia i formicai. Ma mentre il naturalista si limita a osservare, tu pretendi di costruire leggi. Perciò ti sei trasformato da scienziato in ideologo.

La tua presunzione più grave è stata quella di aver voluto

equiparare l'economia alla natura. Ovviamente non mi riferisco a te come persona, ma come categoria. So che certi passaggi sono stati realizzati secoli or sono dai tuoi predecessori, ma tu conservi la responsabilità di perpetrarli. Constatato che in natura vigono leggi predeterminate, hai stabilito che ogni altro aspetto del vivere umano, economia compresa, è regolato da leggi incontrovertibili. E ti sei messo a definirle con pretesa di scientificità.

L'economia è come il galateo: è un'invenzione umana. Per alcuni ruttare è mancanza di rispetto, per altri è indice di gradimento del pasto consumato. Questione opinabile. Ma se scrivi tomi su tomi per descrivere il punto di espansione ideale dello stomaco per sparare un bel rutto, più che un'operazione scientifica fai un'operazione culturale. Non solo dichiari da che parte stai, ma induci la collettività a pensare che ruttare sia bello. Risultato garantito soprattutto se nessun altro scrive il contrario e anzi l'inno al rutto è propagandato in tutti i modi possibili.

Fuor di metafora, di economie possibili ne esistono tante, ma tu ti sei concentrato solo su una. E non quella che ti convinceva di più, ma quella che ti conveniva di più. Ti sei soffermato sull'economia del vincitore perché non è arruolandoti nelle fila degli oppositori che puoi riempire la borsa, ma suonando alla corte dei dominatori.

I vincitori del nostro tempo sono i mercanti. Non per conquista improvvisa, ma per ascesa lenta a partire dal Duecento. All'inizio quasi clandestini, negozianti di stoffe e denaro fuoriusciti dal castello feudale. Poi sempre più potenti e più ricchi, fino ad avere la meglio sulla vecchia classe nobiliare. E raggiunto il pieno controllo dei tre poteri capitali, l'economico, il politico e il militare, il loro problema è diventato il consenso.

Come tutti i prìncipi, anche i mercanti sanno che l'obbedienza si ottiene per coercizione o per convinzione e come tutti i prìncipi anche i mercanti hanno usato entrambe le vie. La storia del capitalismo è lastricata di morti, principalmente lavoratori, caduti per mano di polizie col mandato di reprimere senza pietà ogni forma di opposizione.

Ma la sudditanza basata sulla violenza è insostenibile. Nessun potere può reggersi sulla repressione permanente. Dopo un po' o fa scattare il consenso o è finito. Per questo tutti i poteri si organizzano per attuare la peggiore delle violenze: il dominio delle menti. E il sistema dei mercanti non ha fatto eccezione, anzi è diventato un caso di scuola.

Le tecniche di plagio collettivo sono ormai consolidate e ruotano attorno a tre fondamenti: il sovvertimento dei valori, il rimodellamento degli stili di vita, la manipolazione dell'informazione. Il sovvertimento dei valori per modificare le convinzioni profonde che stanno alla base del modo di concepire i rapporti umani e sociali. Il rimodellamento degli stili di vita per far assorbire un'altra mentalità in forza dell'abitudine. La manipolazione dell'informazione per far passare una percezione della realtà utile ai disegni del potere.

Il sistema (il padrone avremmo detto in altri tempi) ti ha chiesto di metterti a disposizione per ognuno di questi passaggi. E tu prontamente lo hai fatto, perché a ben guardare il primo plagiato sei tu. A forza di studiare le stesse teorie, di guardare la realtà sempre dalla stessa angolatura, sei diventato un fanatico privo di ogni capacità critica. Le sole parole che capisci sono quelle del mercante: denaro, mercato, concorrenza, costi, ricavi, profitti. Le persone viste solo come costi da comprimere. La natura solo come merci da vendere. Un mondo a senso unico dal quale sono stati estromessi serenità, soddisfazione, affettività, salute. In una parola, tutti gli aspetti che fanno la felicità delle persone.

E a chi cerca di farti notare l'assurdità di una simile impostazione, contrapponi il muro. Tu, unico depositario della verità; tutti gli altri, pericolosi sovversivi da annientare in ogni modo possibile. Così da preteso scienziato ti sei trasformato in custode, addirittura gendarme, dell'ordine mercantile. Basta guardare le posizioni difese dagli organismi internazionali posti a fondamento del sistema economico mondiale: Fondo monetario internazionale, Banca mondiale, Organizzazione mondiale del commercio. Istituzioni alloggiate in palazzi immensi affollati da migliaia di funzionari, apparentemente economisti, in realtà gelidi kapò, che in nome del mercato non si fanno scrupolo di imporre regole che derubano lavoratori, cittadini e comunità a vantaggio di multinazionali, banche e fondi speculativi.

È sempre più evidente che all'interno di questo sistema, dichiaratamente contro le persone e l'ambiente, non troveremo più le risposte ai nostri problemi. La socialdemocrazia se n'è andata per sempre, e anche senza rimpianto, visto che era costruita sullo sfruttamento del Sud del mondo. Per permettere a tutti di vivere dignitosamente, nel rispetto dei limiti del pianeta e della piena inclusione lavorativa, bisogna ripensare totalmente il sistema economico. Prima che negli aspetti organizzativi, nei princìpi fondanti, perché le economie sono il risultato dell'interesse dominante. Nel mondo dei marinai tutto è impostato attorno alle navi, ai remi, alle reti. In quello degli agricoltori è impostato attorno ai carri, agli aratri, ai magazzini. Nel contesto marino gli agricoltori sono in difficoltà e viceversa perché perfino le narrazioni seguono tracce diverse.

Se la savana è organizzata per il leone, sarà ben difficile che le gazzelle possano trovare soluzione ai propri problemi. Gli unici spazi possibili saranno quelli stabiliti dai leoni, che però non li definiranno per il bene delle gazzelle, ma di loro stessi. Per le gazzelle si aprirà una prospettiva solo se si ridurrà il potere dei leoni e se la savana sarà riorganizzata per la sopravvivenza di tutti gli animali. Fuori di metafora, noi, comuni cittadini nullatenenti, troveremo la soluzione ai nostri problemi, quello dell'abitare, dello studiare, del curarci, del provvedere a noi stessi, solo se usciremo dal sistema dei mercanti e ne costruiremo un altro al servizio delle persone.

Una prospettiva possibile, ma che ha bisogno del contributo di tutti. Anche del tuo. Se non come sostenitore, almeno come non belligerante. Non solo smettendo di ingannarci sulla scientificità e la neutralità di questo sistema. Ma smettendo di difenderlo a tutti i costi e cominciando, al contrario, a denunciarne i limiti e le storture nell'ottica del bene comune.

In altre parole ti chiedo di smettere di difendere l'indifendibile. E te lo chiedo non solo per agevolare l'avvento di un'altra forma di economia, finalmente al servizio di tutti. Lo chiedo anche per te. Affinché tu salti giù dal treno prima che precipiti definitivamente nel baratro. Perché è certo che questo sistema si distruggerà con le sue stesse mani. E non sarà certo un onore per te passare alla storia come chi non ha saputo aprire gli occhi neanche quando le crepe stavano diventando crepacci. Ti conviene rifletterci prima che sia troppo tardi.

INDICE

Stampa: GRAFICA VENETA SpA - Trebaseleghe (PD)